Bycie miłym TO PRZEKLEŃSTWO

JACQUI MARSON

Bycie miłym to przekleństwo

JAK NAUCZYĆ SIĘ ASERTYWNOŚCI
I Z ŁATWOŚCIĄ MÓWIĆ NIE

MUZA

Tytuł oryginału: ***The Curse of Lovely***
How to break free from the demands of others
and learn to say NO
Projekt graficzny okładki i stron tytułowych: *& Visual*
www.andvisual.pl
Zdjęcie na okładce: Creator – N.L. Britton
Description – The Cactaceae. v.1. Washington:
Carnegie Institution of Washington, 1919–1923.
http://biodiversitylibrary.org/
page/32090117#page/213/mode/1up
Rights – Public Domain
Przekład: *Katarzyna Lipnicka-Kołtuniak*
Redakcja: *Krystyna Dąbrowska*
Redaktor prowadzący: *Sławomira Gibka*
Redaktor techniczny: *Karolina Bendykowska*
Korekta: *Zespół*

First published in Great Britain in 2013 by Piatkus

ISBN 978-83-7758-894-9

MUZA SA
Wydanie I
Warszawa 2016

Pamięci mojej drogiej kuzynki, Debbie Marson
(1957–2009), która dopingowała mnie do pisania.

WSTĘP

Przekleństwo Bycia Miłym: cóż to takiego?

Krótko po moich czterdziestych piątych urodzinach stało się coś, co pozwoliło mi zdać sobie sprawę, że jestem dotknięta Przekleństwem Bycia Miłą. I jeśli coś z nim nie zrobię, to ono zrobi coś ze mną, złamie mnie…

Wspólnie z mężem pojechaliśmy przykładnie do córki mojej kuzynki na przyjęcie z okazji jej trzydziestych urodzin. I mimo że odbywało się ono o dwie godziny drogi od nas, miałam ochotę dobrze się tam zabawić, gdyż bardzo lubię tych krewnych, niezmiernie też lubię sobie potańczyć, a zapowiadała się niezła potańcówka. Około godziny dwudziestej trzeciej, mając naprawdę znikome ilości alkoholu we krwi, pogalopowałam (tak, właśnie tego słowa chciałam użyć) z entuzjazmem pomiędzy dwoma rzędami tańczących, ale w pewnym momencie poślizgnęłam się i upadłam. Mojemu upadkowi towarzyszył spory łomot. Sama nie wiem, jak go określić: czy jako głuchy odgłos upadku, czy też odgłos pęknięcia. Jednak był on na tyle głośny, że wiele osób wstrzymało oddech, a inni zaczęli się dopytywać, czy nic mi się nie stało.

Ja, oczywiście, poderwałam się z podłogi, szczebiocząc, że absolutnie nic mi nie jest i żeby nie zawracali sobie mną głowy. Następnie dzielnie zatańczyłam jeszcze trzy kawałki, mimo że nie najlepiej się czułam po upadku. Do tego jeszcze usiadłam za kierownicą i ruszyłam w drogę powrotną, *ponieważ wypadała właśnie moja kolej na prowadzenie samochodu*. Ramię rwało mnie przy każdej zmianie biegu, ale sądziłam, że rano będzie lepiej.

Gdy obudziłam się następnego dnia, ramię było sztywne i obolałe, ale nie zdecydowałam się pójść z tym do doktora. Nie chciałam dokładać pracy zabieganym lekarzom na dyżurze, bo wychowano mnie tak, żeby nie marudzić i nie użalać się nad sobą.

W szkole akurat była przerwa, dzieci nie miały lekcji, więc następne dziesięć dni spędziłam, wożąc je na różne zajęcia. Odwiedziłam nawet przyjaciółkę mieszkającą w Somerset, o dwieście mil drogi ode mnie. Poszłyśmy popływać łódką po jeziorze. Kiedy powiedziałam jej, że boli mnie ramię i całe jest w siniakach, nalegała, abym nie wiosłowała, ale ja, z jakiegoś bliżej nieokreślonego powodu, albo dlatego że chciałam być taka „miła", stwierdziłam, że byłoby nie fair z mojej strony, gdybym się na to zgodziła. To wszystko obrazuje czyste szaleństwo działania, leżące u podstaw moich przekonań i zachowania. Podpis pod zdjęciem z owej przejażdżki mógłby brzmieć: „Jacqui ze złamaną ręką wiosłuje, a uśmiech nadal nie schodzi jej z ust".

Kiedy wreszcie trafiłam do przychodni, nikt nie ganił mnie za tracenie cennego czasu pracowników. Za to wszyscy wydawali się szczerze zdumieni i zaskoczeni, że ktoś do tego stopnia i tak długo mógł lekceważyć sygnały wysyłane przez własne ciało. „To naprawdę stało się dziesięć dni temu?", ponawiali raz po raz pytanie, kręcąc z niedowierzaniem głową. (Tu muszę uspokoić czytelników, że nie było to jedno z tych złamań, kiedy widać kość – aż tak źle jeszcze ze mną nie było. Po prostu złamana kość strzałkowa w łokciu). Dali mi jasnoniebieski temblak, tak więc w końcu miałam jawny zakaz używania ręki i wszyscy wiedzieli o moim oficjalnie stwierdzonym uszczerbku na zdrowiu. Nie mogło więc chodzić o – zakazane i niedopuszczalne dotąd – marudzenie czy sprawianie sobą kłopotu innym. Teraz mogłam już podjąć niemożliwe wcześniej wyzwanie poproszenia innych o pomoc. Mój piękny temblak zdawał się krzyczeć: „Ta kobieta ma złamaną rękę, pomóżcie jej!".

Moja pasierbica, sprzymierzeniec rodziny, której również nie obce jest Przekleństwo Bycia Miłą, wysłała mi taki SMS: „Joanno d'Arc, trzymaj się daleko od stosu". Było to zabawne i jakże przenikliwe. Pomyślałam sobie wówczas, że jeśli nadal będę taką męczennicą i zawsze będę stawiać potrzeby innych ponad własnymi, może mi się przydarzyć coś dużo gorszego niż tylko złamana ręka.

Tamtego dnia umówiłam się z terapeutą, z którym chciałam pracować, i podjęłam pierwszą próbę uporania się z Przekleństwem Bycia Miłym (tym samym udało mi się też zasiać ziarno pod tę książkę). W końcu wiele nauczyły mnie własne doświadczenia, a także praca z moimi pacjentami w Londynie. Wielu z nich pozwoliło mi zresztą na podzielenie się również ich doświadczeniami w tej książce. Czuję się zaszczycona, że zaprosili mnie do swojego życia i opowiedzieli o swoich problemach.

DLA KOGO JEST TA KSIĄŻKA?

Oto dwie kwestie poruszane przy okazji omawiania przeze mnie prób przełamywania Przekleństwa Bycia Miłym:

1. Chyba nie chcemy, żeby ludzie stali się mniej mili?

2. Czy ten problem dotyka jedynie kobiet?

Jeśli chodzi o pierwszą kwestię, to moja książka nie jest skierowana do osób, które z każdym dniem starają się być milsze. Kieruję ją do tych, których standardową postawą jest bycie zawsze miłym (uprzejmym, współczującym, zabiegającym o sympatię innych itp.). I to do tego stopnia, że godzi to w nich samych. Jeśli dotarliście do takiego punktu własnego życia, że czujecie się jak zamknięci w pułapce, ponieważ zawsze wasze myśli idą w tę samą stronę i nie umiecie się inaczej komunikować czy zachowywać niż właśnie „miło", wówczas ta książka jest dla Was.

Natomiast odpowiedź na drugie pytanie brzmi: Ta książka nie jest wyłącznie dla kobiet. Na pewno każdy z czytelników zna co najmniej jednego mężczyznę, o którym inni wypowiadają się jako o bardzo miłym, i mam przeczucie, że on, tak jak i wszystkie miłe kobiety, również postrzega to jako coś problematycznego.

Jestem dyplomowanym psychologiem klinicznym, od piętnastu lat obserwuję, jak życie, relacje z innymi, kariera zawodowa i osobiste zadowolenie wielu kobiet i mężczyzn pozostają przyćmione przekonaniem, że aby być lubianym, kochanym i akceptowanym, oni muszą nagiąć swoje zachowanie do oczekiwań innych ludzi. Objawia się to tym, że: zawsze są mili i grzeczni, pomocni, urokliwi, zabawni, wprawiają otoczenie w dobry humor, nie zawodzą nikogo, nigdy nie mówią nie, unikają konfliktów i stawiają potrzeby innych na pierwszym miejscu.

Zdecydowałam się nazwać ten syndrom Przekleństwem Bycia Miłym, bo to w końcu paradoks. Zwłaszcza że większość ludzi pragnie być postrzeganym jako miła osoba. Jednak dla niektórych ludzi takie postępowanie jest przekleństwem, które rzuciła na nich zła czarownica w momencie ich narodzin. Tacy ludzie w pewien sposób czują się zaszczuci, uginają się pod ciężarem oczekiwań innych i są przekonani, że jakakolwiek zmiana nie wchodzi w grę. Mili uważają, że wyrażanie własnych potrzeb będzie jednoznaczne z ich odtrąceniem i brakiem miłości ze strony otoczenia. W związku z tym tłumią chęć wyrażania siebie, zwłaszcza okazywania gniewu czy rozgoryczenia, które później ich dręczą. Nikt postronny nie zdaje sobie z tego sprawy, bo przecież ci Mili zawsze są tacy uprzejmi, zgodni i uśmiechnięci. A tymczasem pewnego dnia taka osoba wybucha i wszyscy są zszokowani. Miły czuje brak akceptacji swojego zachowania i utwierdza się w niczemu niesłużącym przekonaniu, że gniew jest nieakceptowany przez innych. I w ten sposób koło się zamyka.

Ta książka podsuwa rozwiązania, jak powoli rozpocząć walkę z Przekleństwem Bycia Miłym, uwolnić się od krępujących oczekiwań innych ludzi i zacząć żyć pełnią życia.

JAK KORZYSTAĆ Z TEJ KSIĄŻKI

Uważam, że zawsze najlepiej jest zacząć od metody małych kroków, ponieważ nawet drobny sukces jest doskonałym elementem wzmacniającym i motywującym do dalszego działania. Jednak proszę korzystać z tej książki tak, jak komu wygodnie. Ktoś kiedyś zażartował, że jako perfekcjonista zacznie lekturę od razu od dziewiątego rozdziału, czyli od zaawansowanych eksperymentów behawioralnych. Nie mam nic przeciwko temu, jeśli czytelnikowi tak będzie łatwiej i lepiej, gdyż nie ma w tym względzie żadnych obowiązujących reguł. Radziłabym jednak przeczytać książkę w całości, aby zobaczyć szerszy kontekst omawianego zjawiska i sprawdzić, co najlepiej do nas przemawia. Jeśli komuś przyjdzie coś na myśl lub zastosuje się do jednej z moich rad, będę zachwycona, wiedząc sama, ile w ten sposób wyniosłam ze swoich ulubionych poradników. Po ich przeczytaniu zwykle od czasu do czasu do nich wracam i często przychodzi mi do głowy kolejna refleksja, nowa myśl czy rozwiązanie. Może niektórym czytelnikom będzie łatwiej zapisywać w zeszycie ciekawe pomysły z książki, a także własne sposoby lub myśli, które przychodzą do głowy podczas lektury. Jednak, nie należy zmuszać się do zapisywania jeśli ten pomysł nie wydaje się przekonujący!

Może się też okazać, że lektura wyzwoli w kimś potrzebę omówienia kilku kwestii z zaufanym przyjacielem lub członkiem rodziny albo skłoni do pójścia do psychologa. W każdym razie – powodzenia. Proszę też pamiętać, że nie jest to olimpijska konkurencja z jazdy figurowej na lodzie i nikt nie będzie nikogo oceniał. Proponuję podejść do tematu z ciekawością. Mam nadzieję że wówczas nabierze się do niego pewnego dystansu, proponowane zmiany wyjdą na dobre, a i sama lektura sprawi przyjemność czytelnikowi.

ROZDZIAŁ PIERWSZY

Dzień z życia osoby dotkniętej Przekleństwem Bycia Miłym

Przyjrzyjmy się hipotetycznemu dniowi z życia kogoś dotkniętego Przekleństwem Bycia Miłym, abyś mógł stwierdzić, czytelniku, czy i ciebie ono dotknęło. Miły budzi się i w idealnych okolicznościach chciałby sobie zrobić herbatę, posłuchać radia, wziąć prysznic, ubrać się, zjeść śniadanie, a następnie pójść do pracy i zmierzyć się z nadchodzącym dniem. Szczytem szczęścia byłaby możliwość zaparzenia ulubionej herbaty w czajniczku, zrelaksowania się w pachnącej kąpieli w wannie, spokojne wybranie stroju oraz odpowiednich i do tego wygodnych butów, w czym poczuje się pewnie i komfortowo. Tymczasem pewna młoda osóbka (choć może nie taka mała) krzyczy: „Gdzie jest mój niebieski sweter?"; inna znów chce wiedzieć, dlaczego w lodówce nie ma mleka; w dodatku dzwoni ciotka z prośbą, aby ją odwiedzić, bo „ona biedna jest sama"; przyszedł też SMS od przyjaciółki, która pilnie musi pogadać, gdyż jej chłopak od dwudziestu czterech godzin nie odpowiada na telefony.

W pierwszych minutach po przebudzeniu żaden punkt z listy marzeń nie jest osiągalny, bo Miły już zapomniał o swoich podstawowych potrzebach, aby zająć się potrzebami wszystkich domowników. Każdego ranka bez problemu wychodzi do pracy bez śniadania, w uwierających go butach i z suchym szamponem na włosach, głodny, w pośpiechu, nieco poirytowany, ale pocieszony myślą, że wszyscy dookoła są zadbani i zadowoleni. Niebezpieczeństwo potencjalnie złego humoru innych osób zostało zażegnane i w domu udało się uniknąć krzyków czy oznak niezadowolenia. Na głębszym (prawdopodobnie nieuświadomionym) poziomie emocji Mili czują się dobrze i mają pewność, że nadal będą kochani, bo zadbali przecież o wszystkich dookoła siebie. Może też dzięki temu nie popadną w kłopoty, ponieważ nikogo nie zawiedli.

ZMIANY SĄ MOŻLIWE

Oczywiście nie wszyscy prezentują ten sam typ czy natężenie Bycia Miłym. Są różne tego odmiany, ale wszystkich Miłych łączy to, że choć często są przygnieceni ciężarem oczekiwań innych ludzi, to je spełniają, ponieważ zupełnie nie umieją zachowywać się inaczej. Sama myśl, że można by postąpić inaczej, na przykład odmówić udzielenia komuś pomocy, przeważnie ich przeraża. Mili poniekąd sami tworzą te oczekiwania, a następnie wpadają w ich pułapkę. Zmiana postępowania wymaga zupełnie innego sposobu myślenia. Trzeba wypracować mechanizmy dokładnie odwrotne od tych, które tworzą oczekiwania.

Indira, którą spotkamy też w rozdziale szóstym, opowiada, że rodzina traktowała ją jak całodobową pomoc doraźną, do której o każdej porze dnia i nocy można się zwrócić o podrzucenie czegoś, wpuszczenie hydraulika do wynajmowanych mieszkań, zapisania kogoś do dentysty czy służenia noclegiem dla krewnych z ojczyzny. Jako jedyna niezamężna córka z przerażeniem myślała o opiece nad niedomagającymi rodzicami, jednocześnie czując się z tymi myślami jak „niewdzięczna córka". Wpadała również w panikę, nie mając sama ani sił, ani energii, by szukać mężczyzny, który mógłby ją uchronić przed losem niezamężnej córki.

Jak pokażą historie innych osób, również moich pacjentów, nigdy nie ma jednego prostego rozwiązania. Nasze sposoby myślenia, emocje czy zachowania towarzyszyły nam od zawsze i często dobrze z nimi funkcjonowaliśmy do czasu dojścia do punktu, kiedy z naszych sojuszników stały się naszymi wrogami.

Można spróbować powoli je zmieniać, ale trzeba mieć świadomość, że zmiany, które chcemy wprowadzić w naszym życiu, często stanowią wyzwanie. Indira, która miała w głowie metaforę o sklepie całodobowym, uznała, że nie chce już nim być, może go zamknąć w określonych godzinach i zbliżyć się formułą działania do sklepów nocnych, otwartych do godziny dwudziestej drugiej. To nadal może wydawać się dużym poświęceniem z jej strony, ale nagłe przejście do modelu od godziny szóstej do dziewiętnastej byłoby zbyt dużym szokiem i dla Indiry, i dla jej przyjaciół oraz rodziny.

Terapeutka Harriet Lerner mawia, że jeśli chce się zbyt dużo zmienić w zbyt krótkim czasie, otoczenie głośno zaprotestuje: „Chcemy cię taką, jaką byłaś kiedyś!". I wówczas wszystko spali na panewce.

PRZEKLEŃSTWO BYCIA MIŁYM: O CO W TYM CHODZI

Powróćmy do historii mojej złamanej ręki, aby dowiedzieć się, o co chodzi z tym przekleństwem. Gdzie leży jego geneza i jak potem z nim żyjemy.

Generalnie rzecz biorąc, każdy z nas kieruje się jakimiś zasadami w życiu, które można by nazwać „osobistymi" lub „życiowymi". Chodzi o to, że od dzieciństwa formułujemy różne przekonania dotyczące nas samych i naszych światów (indywidualne wyobrażenia o otaczającym nas świecie). Te tak zwane przekonania kluczowe ukształtowały się we wczesnym dzieciństwie, kiedy nie posiadaliśmy jeszcze refleksyjnej świadomości i kiedy przekonania osób odgrywających w naszym życiu dużą rolę (rodziców, dziadków, opiekunów, a także pracodawców), czy też wpojone nam przez placówki państwowe (jak policja, a nawet rząd) stawały się naszymi przekonaniami. Niektóre z nich są regulowane prawem i przepisami, a jeśli się je łamie, kara jest nieuchronna. Inne, typu: „Nie bawimy się zapałkami" czy „Dobrze się rozejrzyj, zanim przejdziesz przez ulicę", a więc dotyczące bezpieczeństwa, przyswajamy jako dzieci. Są one później skrywane przez naszą podświadomość. Wpojone nam przez rodziców czy opiekunów, mogą odegrać bardzo dużą rolę w naszym życiu, choć często o nich nawet nie mówimy (szczególnie w dorosłym życiu), bądź nie zastanawiamy się (zwłaszcza jako dorośli), czy nadal chcemy żyć w zgodzie z nimi i czy nadal są one aktualne na obecnym etapie życia. Jeśli zaczniemy się im przyglądać, może się okazać, że niektóre z nich (lub nawet wiele) pozostały w dychotomicznym trybie, „wszystko albo nic": przestały być elastyczne i stały się, jak to nazywa Aaron Beck, twórca terapii poznawczo-behawioralnej (CBT) przekonaniami kluczowymi. Można je łatwo rozpoznać, bo często towarzyszą im myśli zaczynające się od słów typu: „powinnam", „muszę", „zawsze", „nigdy" (przyjrzymy się im bliżej w rozdziale piątym). Aby łatwiej je rozpoznać, w całej książce wyróżniam je i piszę wersalikami.

W mojej historii o złamanej ręce zasada: NIGDY NIE STWARZAJ PROBLEMÓW była właśnie owym przekonaniem kluczowym. Było ono we mnie tak mocno utrwalone (i właściwie wyryte w mojej podświadomości), że byłam w stanie zbagatelizować sygnały ostrzegawcze wysyłane przez moje ciało i zapewniać wszystkich dookoła, że nic mi się nie stało. Dodatkowo nadal miałam na twarzy przyklejony uśmiech, dalej tańczyłam, a następnie przez dziesięć dni nie udałam się do lekarza i jeszcze po drodze wiosłowałam.

To przekonanie ma zapewne swoje korzenie w dzieciństwie: jeśli dziecko płacze, bo się zraniło, a mama stwierdza „nie ma co płakać, nic się nie stało", oznacza to naganę takiego zachowania (dezaprobata), lub też o dziecku, które nie płacze, mówi na przykład: „mój dzielny żołnierz", co oznacza pochwałę (aprobata). Wówczas dzieci zostają zaprogramowane niczym pies Pawłowa, śliniący się na sam dźwięk dzwonka, kojarzącego mu się z pojawieniem jedzenia. I powtarzają zachowania, za które są wynagradzane (pochwałą, akceptacją lub plusikami), natomiast unikają tych, które są niepożądane, karane i krytykowane.

W ostatnim dziesięcioleciu dzięki szerokiemu propagowaniu naukowych tez w programach telewizyjnych typu „Superniania", czy w łatwo dostępnych poradnikach rodzice, nauczyciele i opiekunowie wiedzą już, że należy nagradzać zachowania pożądane oraz ignorować te niemile widziane. Jednak za moich czasów – i nadal jeszcze tak jest w niektórych kulturach – dzieci były ośmieszane, zawstydzane, poniżane lub karane za niepożądane cechy czy zachowania.

Łamanie zasad

Nie chcę tutaj winić moich czy innych rodziców. Oni robili to, co im się wydawało dla nas najlepsze, świadomie bądź nieświadomie przekazując dzieciom wpojone im zasady (często sami właśnie w taki sposób byli wychowywani). Niektóre zachowania, postrzegane jako lepsze od innych, są propagowane w różnych systemach rodzinnych i przekazywane pewnie przez wieki.

Myślę, że nikogo nie skrzywdzę, mówiąc, że w mojej rodzinie propagowano zasadę bycia twardym. W przypadku takich kryteriów można by uznać, że najlepsze chwile, które spędziłam na koniach jako ich wielka miłośniczka, przypadły na okres, gdy miałam sześć lat, kiedy to na świeże rżysko zrzucił mnie mały kucyk. Pech chciał, że zaplątała mi się stopa w strzemię i przez dziesięć minut szorowałam plecami po świeżo skoszonym zbożu. Plecy miałam całe we krwi. Nie pamiętam, czy płakałam, ale pewnie tak. Pamiętam jednak, że pierwsze, co zrobiłam, kiedy już zostałam uwolniona ze strzemienia, to to, że mimo strachu wsiadłam z powrotem na grzbiet kucyka. Historia ta w mojej rodzinie od lat jest opowiadana z dumą, tak więc przyjmowałam ten heroizm jako coś pozytywnego (zakładając jednocześnie, że powinnam walczyć ze „słabą", małą dziewczynką, która sobie popłakuje).

W przypadku przekonań kluczowych nie należy się zatrzymywać na etapie uświadomienia sobie, ile owe przekonania nas kosztowały, ale należy się cofnąć o krok, aby zobaczyć, ile możemy z nich wynieść. Z jednej strony mogłabym więc powiedzieć: „No, zobacz, jak ta biedaczka nauczyła się panować nad własnym bólem i być twarda za wszelką cenę", a z drugiej muszę przyznać, że dzięki temu byłam w stanie przetrwać moje początki pracy zawodowej jako reporter wojenny. Potrafiłam znosić ekstremalne gorąco na pustyni bez jedzenia i bez picia, dźwigać ciężki ekwipunek, uchylać się przed pociskami, i nie wydaje mi się, bym kiedykolwiek się skarżyła. Przeważnie uśmiechałam się i troszczyłam o wszystkich dookoła, opowiadałam dowcipy i dbałam o dobre samopoczucie współtowarzyszy. Trzeba przyznać, że kiedy jesteśmy mili, życzliwi, dużo z siebie dajemy – wszyscy nas lubią, bo zawdzięczamy to naszemu zachowaniu. Jednak kiedy za takie zachowanie płacimy zbyt wysoką cenę, kiedy to nas wykańcza, tłumimy gniew, denerwujemy się, że nie umiemy inaczej, wówczas musimy być przygotowani na zrezygnowanie ze starego podejścia i na utratę płynących stąd zysków.

Oczywiście, łatwo to powiedzieć, trudniej wprowadzić w czyn. Musimy zacząć budować pewność siebie w inny niż dotąd sposób. A trzeba to zrobić, zanim nawet *pomyślimy* o porzuceniu starych, bezpiecznych rozwiązań.

Rodzicielstwo wydaje się jeszcze bardziej potęgować niszczącą nas potrzebę Bycia Miłym. Cechy, które umacniają to uczucie, aż dojdzie ono do etapu przekleństwa (dobro, bezinteresowność, troska o innych i stawianie ich potrzeb ponad własnymi), wpisują się w dzisiejszy idealny model perfekcyjnego rodzica (szczególnie matki). Wiele kobiet długo nie odczuwa, że Bycie Miłą jest przekleństwem, aż po upływie kilku lat przychodzi moment, kiedy zdają sobie sprawę, że to, co wcześniej dawały z miłości, teraz jest traktowane jak oczywistość, wszyscy wręcz oczekują, by tak właśnie się zachowywały.

MIŁY DZIEŃ SUSIE

Susie ma czwórkę dzieci w wieku od pięciu do trzynastu lat. Tata Susie zmarł, gdy miała osiem lat, mama wychowywała szóstkę dzieci sama, pracując dniami i nocami na trzy etaty, by związać koniec z końcem. Dzieciom brakowało matczynej uwagi, więc musiały stać się samowystarczalne już od wczesnych lat. Mimo że Susie niezmiernie podziwia swoją mamę za jej ciężką pracę, determinację i poświęcenie, sama jednak pragnęła poświęcić dzieciom całą swoją uwagę, dać miłość i wsparcie, których jej brakowało w dzieciństwie. W związku z tym zdecydowała się nie pracować zawodowo i zostać w domu. Opieka nad dziećmi i domem jest oczywiście bardzo ciężką pracą, wymaga determinacji i poświęcenia, choć rzadko się o tym mówi i równie rzadko to docenia. A oto dzień z życia Susie. Dzień ekstremalny, ale w jakiś sposób typowy.

Susie obudziła się o szóstej rano, by wyprowadzić psa, zrobić śniadanie i spakować dzieciom drugie śniadanie do szkoły, zanim zacznie się poranny wyścig z czasem, gdyż musiała zdążyć na zebranie rady rodziców w szkole. Kiedy wychodziła z zebrania, zadzwonił jej telefon komórkowy. To agent nieruchomości przypomniał Susie, że za trzy dni nowi najemcy wprowadzają się do mieszkania jej mamy, i pytał, czy mogłaby w związku z tym kupić dla nich nowe szafy. W tym momencie Susie, już z poczuciem winy, chwyciła płaszcz, kluczyki do samochodu i natychmiast ruszyła do Ikei, gdzie po brzegi załadowała wózek ciężkimi pakami z częściami szafy i stanęła w długiej kolejce do kasy. Stojąc w ogonku, zastanawiała się, jak przerzuci ciężkie pudła do samochodu i jak znajdzie czas, by wszystkie części złożyć, kiedy znów odezwał się jej telefon. Tym razem dzwoniła dwójka przyjaciół, z którymi umówiła się na lunch tego dnia. Przyjaciele, mieszkający w innym mieście i na co dzień okropnie zajęci, datę spotkania wyznaczyli kilka miesięcy wcześniej. „Nie zapomniałam o tym spotkaniu, bo poprzedniego dnia zajrzałam do kalendarza i bardzo się na nie cieszyłam. Jednak po telefonie od agenta nieruchomości wpadłam w panikę i wykasowało mi się ono z pamięci", powiedziała później Susie na terapii.

Uczucie paniki rosło w niej, gdyż starała się wszystkich zadowolić. Skończyło się na tym, że pędziła na lunch o godzinę spóźniona, a starając się wcisnąć w wąskie miejsce parkingowe, gdy cofała, uderzyła w stojącą za nią taksówkę. Ten okropny, przeładowany obowiązkami i zadaniami dzień nadal trwał, więc popędziła do szkoły po dzieci, przywiozła je do domu, zrobiła herbatę, a następnie doglądała odrabianie lekcji, aż jej ciało odmówiło posłuszeństwa i musiała się położyć, po tym jak z nerwów i nadmiaru wrażeń zwymiotowała. „To wszystko moja wina", przyznała, a następnie, z żalem dodała: „Powinnam była powiedzieć nie".

„Jakie przekonania kluczowe leżały u podstaw takiego zachowania?", zapytałam ją ze współczuciem, bo przecież znam wiele kobiet, które zrobiłyby dokładnie tak samo. Jeśli surowo oceniamy samych siebie, to takie sytuacje są jak woda na młyn do samobiczowania. Susie doszła do wniosku, że w jej przypadku kluczowym przekonaniem było: ZAWSZE ROBIĘ TO, CO KAŻĄ MI WAŻNE DLA MNIE OSOBY CZY AUTORYTETY. Zauważyła, że wyniosła to z rodzinnego domu, który był prowadzony przez zapracowaną mamę równie strategicznie, jak kampania wojenna. A kto się mamie sprzeciwił i podważył jej autorytet, musiał się liczyć z konsekwencjami. Susie przywołała też inne przekonanie, jakże popularne wśród Miłych: ZAWSZE MUSZĘ POMAGAĆ INNYM, ALE SAMA NIE MOGĘ POPROSIĆ O POMOC. Ja w takich sytuacjach tłumaczę sobie i pacjentom: Pomyśl o kimś, kogo podziwiasz, i zastanów się, co on by zrobił w podobnej sytuacji. Susie ma w Australii przyjaciółkę Kat, która jest niezwykle bezpośrednia i asertywna. „Co zrobiłaby Kat?", zapytałam, a Susie ze śmiechem odparła: „Powiedziałaby agentowi, że kupi szafy, kiedy będzie mogła, a następnie pojechałaby na lunch, by miło spędzić czas. Prawdopodobnie też poprosiłaby kogoś o odebranie dzieci ze szkoły, tak by mogła dłużej pogadać z przyjaciółmi i nie musiała się spieszyć. A możliwe, że nawet wypiłaby kieliszek wina!".

JAK UCZYMY SIĘ MÓWIĆ NIE?

Wydaje się, że dla Indiry i Susie, zmęczonych już zaspokajaniem potrzeb i spełnianiem oczekiwań innych, najprostszą rzeczą byłoby nauczyć się asertywności. Właśnie to radzą nam przyjaciele i krytycy. Znamy tę radę tak dobrze, że przekuwamy ją w coś, co nazywam „samobiczowaniem: *powinnam*" (przyjrzymy się temu bliżej w rozdziale piątym). Zauważcie, czytelnicy, jak Susie ze śmiechem powiedziała: „Powinnam była powiedzieć nie". „Co sobie pomyślałaś?", spytałam na sesji. „Co oznacza ten uśmiech na twojej twarzy?"

Susie ledwo mogła mówić. W końcu wydusiła: „Myślę, że sama się wstydzę, że nie umiem o siebie zawalczyć. Opowiedziałam całą historię tak, jakby była ona zabawna. Tymczasem w środku wyrzucam sobie, dlaczego nie umiem powiedzieć nie? Jestem inteligentna. Byłam kiedyś na kursie asertywności, więc znam teorię. Grałam nawet w kilku scenkach, gdzie udzielałam asertywnych odpowiedzi... *Powinnam* więc umieć być osobą asertywną. A jednak nie umiem i to sprawia, że czuję się całkiem do niczego", wyrzuciła z siebie i wbiła wzrok w podłogę.

W dalszej części książki przyjrzymy się postępom Susie. Teraz jednak ten przykład pozwala zilustrować, dlaczego większości osób, które identyfikują się z pojęciem Przekleństwa Bycia Miłym, nabywanie nowych umiejętności *przez nich samych* może nie wystarczyć. Ważne jest też, aby przyjrzeć się uczuciom i myślom,

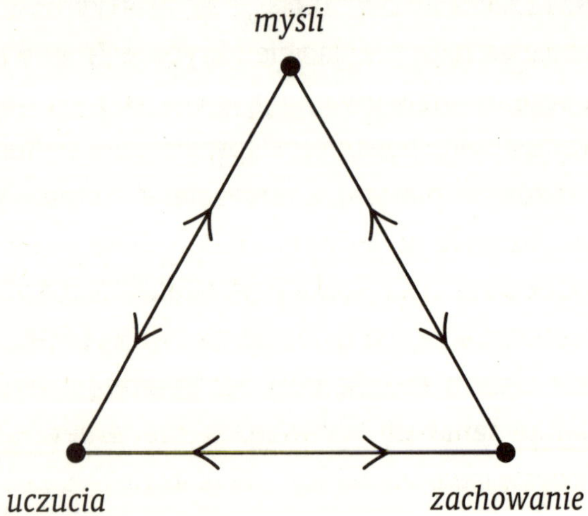

które towarzyszą naszym zachowaniom. Łatwo to zrozumieć, patrząc na znajdujący się obok diagram, który tłumaczy, że nasze myśli, uczucia i zachowania są ze sobą sprzężone. Każdy element wpływa na następny, toteż teoretycznie możemy zmienić nasz *wzór* zachowań, zmieniając położenie któregokolwiek z elementów na wierzchołkach trójkąta.

Po latach zdałam sobie sprawę, że nie ma żadnych zasad przy wyborze *najlepszego* wierzchołka trójkąta, od którego należałoby rozpocząć pracę z pacjentami pragnącymi zmienić wzorce swoich krępujących zachowań. Terapia, którą prowadzę, polega na procesie współpracy, gdzie pacjent jest ekspertem od swojego życia, a terapeuta wnosi umiejętności, doświadczenie i inną perspektywę patrzenia na daną kwestię. Niektórzy ludzie wolą skoczyć na głęboką wodę i *zrobić* coś innego, inni wolą spojrzeć w przeszłość i dowiedzieć się, skąd pochodzą pewne zachowania. W większości przypadków te poszukiwania wcale nie są takim prostym, linearnym procesem. Pacjenci będą to cofać się, to patrzeć do przodu, by dojść do tego, skąd się wzięły ich problemy, aby następnie móc je zanalizować, zrozumieć i dokonać zmian, łącząc zrozumienie pewnych mechanizmów i zakwestionowanie starego sposobu myślenia. Uczą się i jednocześnie próbują wprowadzić w życie nowe umiejętności i sposoby załatwiania spraw.

PODSUMOWANIE

W tym rozdziale zasygnalizowałam, że nie należy wpadać w pułapkę spełniania oczekiwań innych i zawsze Bycia Miłym. Od takiej postawy można się uwolnić.

- Skup się na małych, łatwych do wprowadzenia zmianach.
- Pomyśl, jak bardzo uczucia, zachowania i myśli są ze sobą powiązane (patrz diagram na s. 28).
- Przy wprowadzaniu zmian, bądź dla siebie wyrozumiały/a. Pozwól sobie na kroki w przód, ale i w tył.

ROZDZIAŁ DRUGI

Miłe i grzeczne dziecko: czyli jak to wszystko się zaczyna

Wbrew temu, co mówi kochająca babunia, nikt nie rodzi się grzeczny i miły. Możliwe że jako dzieci szybko się uśmiechaliście, byliście spokojni, zadowoleni, mieliście duże piwne oczy, długie rzęsy i bujne włoski, po których gładzili was ludzie, kiedy leżeliście w wózkach. Jednak Bycie Miłym w znaczeniu i kontekście tej książki nie ma z tym nic wspólnego. Przekleństwo Bycia Miłym to sprzężenie zbioru przekonań i zachowań, które stają się dla was samych problematyczne i które chcielibyście zmienić. Dobrą wiadomością jest to, że przekonań i zachowań można się *wyuczyć*. Skoro więc można się ich wyuczyć, to można się też oduczyć. A właściwie rzecz ujmując, nauczyć na nowo, tak by sprzyjały naszemu szczęściu życia, a nie szkodziły zdrowiu.

ZŁOŻONY ŚWIAT DZIECKA

Większość naszych głęboko skrywanych przekonań na temat tego, kim jesteśmy i jak powinniśmy się zachowywać, bierze się z dzieciństwa, często wczesnego, zanim rozwinie się w nas zdolność racjonalnego myślenia. W efekcie wierzymy we wszystko, co nam mówiono, czy w to, czego doznaliśmy. Kiedy wracałam wczoraj autobusem do domu, przyglądałam się zafascynowana dwóm różnym maluchom w wózkach. Najpierw była to dziewczynka w wieku około osiemnastu miesięcy. Była bardzo zainteresowana wszystkim, co działo się wokół niej, a najbardziej różowymi sznurówkami w jej pięknych bucikach. Zafascynowana dotykała kokardek, twardych końcówek sznurówek, poznając ich różne kształty i faktury materiałów. Po prostu doświadczała świata, robiąc właśnie to, co powinno robić dziecko w takim wieku, jak mówi Christopher Green w swojej książce *Poskramianie małego dziecka: Dziecko: od 1 do 4 roku. Kieszonkowy poradnik dla rodziców.* Jej matka (mogła to też być opiekunka) zdawała się być nią zachwycona, ciągle się do niej uśmiechała i dopingowała do dalszych odkryć. Małej w końcu udało się rozwiązać bucik, a następnie go zdjąć. Na jej twarzy pojawił się wyraz ogromnego zdumienia i radości, gdy trzymała w pulchnej rączce swoje trofeum. Spoglądając na nią i na jej minę, nie można było powiedzieć, że jest „niegrzeczna": ona odkrywała świat i jej mama czy też niania w ten właśnie sposób to odbierała. Ciepłym, spokojnym głosem kobieta powiedziała coś w rodzaju: „Mądra dziewczynka! Ale włóżmy go teraz, bo wysiadamy z autobusu". Następnie bez złości czy nerwowych ruchów włożyła dziecku bucik i zawiązała sznurówki. Już słyszę w myślach napastliwą reakcję rodziców: „No tak! To na pewno niania! Pewnie już się nie może doczekać szóstej, żeby wyjść z pracy i spędzić spokojną noc ze swoim ukochanym". O takich myślach opowiem za chwilę.

Po ich wyjściu, do autobusu wsiadła następna para: malec z opiekunką. Ta mama lub niania wyglądała na zmęczoną. Tym razem chłopiec był nieco starszy, miał może dwa czy dwa i pół roku, znał wiele słów i żywo reagował. Kobieta dawała mu jakieś przekąski, raz za razem wyciągała coś z torebki, prawie na niego nie patrząc. Potem wyjęła bidonik i starała się włożyć go małemu do ust, ale on trzymał go w swoich rączkach, nie chcąc pić, i wykrzykiwał „Nie!" (ulubione słowo dwulatka). Kobieta była tym wyraźnie sfrustrowana i wkrótce doszło do konfliktu: mama lub też niania z grymasem na twarzy głośno wyrażała swoje niezadowolenie. W końcu, zanim wysiadłam z autobusu, usłyszałam, jak syczy przez zaciśnięte zęby: „Ale ty jesteś głupi! Będzie ci się chciało pić i to będzie twoja wina".

Zakładając teraz, że widziałam reprezentatywne zachowanie tych dwojga dzieci (oczywiście, mogło ono nie być reprezentatywne, gdyż widziałam tę dwójkę tylko przez chwilę), to jak myślicie, jacy mogą być, gdy dorosną? Jak myślicie, co będą myśleli o sobie, jak się będą czuli? Jedno dziecko dowiedziało się, że jest głupie, drugie, że jest mądre. Tak naprawdę słowa wypowiadane do maluchów w tym wieku są najmniej znaczącą składową komunikacji między dorosłym a dzieckiem. Mnóstwo za to jest przekazywane poprzez ton głosu, język ciała: „Jesteś cudowna! Zachwycasz mnie!" versus nerwowa złość bijąca z komunikatu: „Jesteś beznadziejny! Wkurzasz mnie!".

WYSTARCZAJĄCO DOBRY RODZIC

Proszę nie myśleć, że osądzam te zdarzenia i zachowania kobiet. Wiem, że to niemożliwe, by cały czas być wzorową matką albo nianią. Sama mam dwójkę dzieci, pasierbicę i jestem podwójną babcią dla jej dzieci. Myślę, że bycie matką to najtrudniejsze zadanie na świecie i zarazem najbardziej niedoceniane we współczesnym społeczeństwie. Przeżywałam wręcz potworne dni, kiedy moi chłopcy byli mali, a ja sama czułam się okropnie samotna, niedoceniona: brakowało mi wsparcia i daleko mi było do wzorca kochającej i ciepłej mamy. Pamiętam, jak któregoś dnia płakałam w autobusie tej samej linii 46, kiedy pewna starsza pani zwymyślała mnie za siedzenie na miejscu dla inwalidów, choć ja miałam niemowlę na rękach, a dwuletni syn siedział mi na kolanach. „Nie jest pani niepełnosprawna, tylko młoda i zdrowa", karciła mnie starsza pani. I kiedy starałam się wstać i ustąpić jej miejsca (Przekleństwo Bycia Miłym: oczywiście że wstałam i *jeszcze* przeprosiłam), wybuchnęłam płaczem. „A co z matkami?", spytałam po cichu i wysiadłam dwa przystanki za wcześnie, czując się kompletnie poniżona, ponieważ wszyscy pasażerowie obserwowali tylko tę sytuację i nikt nie stanął w mojej obronie. Wydaje mi się, że wtedy zwymyślałam synów, a starszego z bliżej nieokreślonego powodu, bo czułam się zła i zawstydzona. Wiem więc dobrze, jak to jest być perfekcyjną mamusią. I wiem również, że dużo lepiej jest zmierzać do modelu „wystarczająco dobrej i ludzkiej mamy", ale mieć świadomość, że nasze poczynania mają wpływ na dzieci, bo go rzeczywiście mają.

MIŁOŚĆ WARUNKOWA: JESTEM TAKI/A, JAK MNIE POSTRZEGAJĄ

Badania nad rozwojem niemowląt, prowadzone od lat pięćdziesiątych przez takich pionierów jak John Bowlby i Donald Woods Winnicott, wykazały silny związek między tym, jak się do nas odnoszono, kiedy byliśmy dziećmi, a tym, jak później rozwijało się nasze własne ja. Chodzi o to, że jeśli jesteśmy traktowani jako kochane, wartościowe, interesujące dzieci, to wówczas (w większości) dorastamy jako kochani, wartościowi, interesujący ludzie. Nasze postrzeganie samych siebie jest w większości przypadków pozytywne.

Miłość może być warunkowa i bezwarunkowa. Termin „miłość bezwarunkowa" oznacza, że takie uczucie nie niesie za sobą żadnych warunków: jest się kochanym po prostu takim, jakim się jest. „Miłość warunkowa" natomiast wiąże się ze spełnieniem pewnych wymogów: „Kocham cię, *kiedy* robisz to czy tamto albo kiedy nie robisz tego czy tamtego".

Dziecku bardzo trudno jest odróżnić to, kim jest, od tego, co robi. Jeśli mała dziewczynka cały czas słyszy, że jest „niegrzeczna", bo zabiera młodszemu bratu ciężarówkę, ciągnie kota za ogon lub pokazuje język babci, to w końcu rzeczywiście uwierzy w to, że jest „niegrzeczna". A jeśli otrzyma miłość i czułość, pochwałę i uwagę tylko wówczas, gdy zachowuje się w określony sposób, czy coś określonego zrobi bądź nie zrobi, wówczas wyrośnie w przekonaniu, że jest wartościowa wtedy, kiedy zachowuje się w określony sposób, czy coś określonego zrobi.

Psycholog Carl Rogers nazwał to „warunkami wartości". Pomocne jest więc mówienie dziecku, że jest kochane i wartościowe, ale że pewne *zachowania* nie są pożądane, i prośba o to, aby więcej się tak nie zachowywało. W tej formie rodzicielstwa (i uczenia) rozróżnia się zachowanie – czyli to, co robimy, co może być wyuczone bądź nie, oraz to, kim jesteśmy, co podlega dużo mniejszym zmianom. U większości ludzi dotkniętych Przekleństwem Bycia Miłym mniej lub więcej niedobrych warunków wartości ukształtowało się w dzieciństwie.

MONIKA: 1000-WATOWA ŻARÓWKA

Trzydziestodziewięcioletnia Monika przyszła do mnie, ponieważ ciągle odczuwała niepewność i izolację. Czuła, że nie umie zaprzyjaźniać się z ludźmi tak jak inni. Chociaż była w dobrych relacjach z partnerem, jej niepewność społeczna stała się podłożem tarć między nimi, szczególnie że ona nie chciała spędzać czasu z jego rodziną i przyjaciółmi.

Na pierwszy rzut oka przypadek Moniki nie wyglądał na przypadek osoby dotkniętej Przekleństwem Bycia Miłym. Jednak im więcej ze mną rozmawiała, tym bardziej stawało się dla mnie jasne, że głównym powodem jej nieumiejętności podtrzymywania przyjaźni było to, że wiele z siebie dawała, przez co czuła się wyczerpana, a jednocześnie brakowało jej równowagi dawania i brania w relacjach z innymi. Był to tak stary i zakorzeniony nawyk, że Monika nie wyobrażała sobie, że można postępować inaczej. „Nie umiem być z kimś i nic z siebie nie dawać", wyjaśniała. „Umiem jedynie być tysiącwatową żarówką, która wszystko oświetla i podnosi wszystkich na duchu. U mnie nie ma gradacji, muszę dać z siebie albo wszystko, albo unikać takich sytuacji".

Jak wielu Miłych Monika nie postrzegała własnej energii jako coś cennego, co może dać komuś, jak chce, kiedy chce i komu chce. Działała zgodnie z kluczowym przekonaniem, które podpowiadało jej: JEŚLI Z *KIMKOLWIEK* JESTEŚ, *MUSISZ* POŚWIĘCIĆ TEJ OSOBIE CAŁĄ SWOJĄ UWAGĘ I ENERGIĘ.

Jak to bywa w przypadku jakiegokolwiek kluczowego przekonania, chciałam pomóc Monice i dowiedzieć się, co kryje się za sformułowaniem „albo nic". „A co by się stało, jeśli nie byłabyś tysiącwatową żarówką?", zapytałam. Monika, cała spięta, wydawała się wręcz przerażona moim pytaniem. Zwykle szalenie rozmowna, zamilkła. „Czego się boisz?", dopytywałam łagodnie. Monika rozpłakała się wówczas. „Braku aprobaty", odrzekła w końcu. „Nie mogę znieść, kiedy ktoś mnie nie akceptuje. Nawet nieznajomi. Jestem niezwykle wrażliwa i zauważam nawet nieznaczne zmiany w mowie ciała. Bezustannie patrzę na twarze osób, z którymi rozmawiam, na ich wyraz – to potwornie męczące".

Potem rozmawiałyśmy o jej dzieciństwie. Kiedy Monika miała trzy lata, jej rodzina przeprowadziła się na odludną wieś. Tata był handlowcem i często wyjeżdżał, w związku z czym jej mama czuła się przez to samotna i nieszczęśliwa. „Do najbliższego miasta jeździł raz w tygodniu autobus, a ona uwielbiała chodzić na zakupy, więc myślę, że musiała się tam strasznie nudzić, pewnie była też zła i sfrustrowana", mówiła Monika. „Codziennie rano zawoziłyśmy mojego brata do szkoły, a następnie wracałyśmy do domu na sześć długich godzin. Byłam jej małą pomocnicą w domu i pamiętam, że szybko złościła się, jeśli tylko coś źle zrobiłam. Często miała zły humor i dawała mi klapsa, kiedy na przykład ścierając kurz, ominęłam półkę. Jednak równie często miło spędzałyśmy czas, kiedy śpiewałam czy tańczyłam dla niej. Była wówczas szczęśliwa, nazywała mnie swoją przyjaciółką i powtarzała, że nikt tak dobrze nie umie jej uspokoić jak ja".

„A czego najbardziej się bałaś? Jej złości czy braku akceptacji?", zapytałam. „Myślę, że obie te kwestie są ze sobą powiązane i jako dziecko nie umiałam ich rozróżnić. Wiedziałam jedynie, że jeśli nie będę jej rozweselać, wówczas może się zezłościć, krzyczeć na mnie lub dać mi klapsa". „A czy myślisz, że jeśli teraz ktoś cię nie zaakceptuje, to też się zezłości i da ci klapsa?", dociekałam. Monika spojrzała na mnie zdumiona. „Nie, no oczywiście, że nie, to niedorzeczne!". Następnie jednak się zasępiła. „Ale właściwie może tak właśnie jest. Mój strach jest na tyle duży, że pewnie wiąże się z czymś mocno mnie przerażającym. Oczywiście nigdy nie testowałam pewnych zachowań jako dorosła osoba, więc może dlatego w pewnym sensie myślę, że zostanę jakoś za nie ukarana".

Być Miłym, aby przetrwać

Dzieci nie posiadają realnej siły, by postawić się i walczyć, uciekać czy prosić innych o pomoc. Mają niewiele możliwości, a jedną z nich jest takie zachowanie, by wywołać u dorosłych oczekiwane reakcje i postawy. I dlatego czasem Bycie Miłym może wydawać się kwestią życia lub śmierci.

Dla Moniki oznaczało to, że kiedy umiała zadowolić swoją mamę lub wywołać jej radość, a nie złość czy smutek, wówczas miała szansę na uniknięcie bólu i intensywnego uczucia strachu, antycypującego te złe momenty. Jednak w swoje dorosłe życie zabrała już zbliżoną do fobii reakcję na nawet najmniejszy objaw braku aprobaty malujący się na twarzy innych, a szczególnie kobiet. W jej podświadomości taki wyraz twarzy łączył się z bólem fizycznym oraz psychicznym, czyli z odrzuceniem. Żadne zachowanie mamy Moniki nie było w najmniejszym stopniu spowodowane niewłaściwym postępowaniem małej wówczas dziewczynki. Nie ona je wywoływała, ani też nie ona mogła na nie wpływać. Przed ukończeniem siódmego, ósmego roku życia dziecka, jego mózg ma bardzo małą zdolność racjonalnego myślenia i przed ukończeniem tego wieku często polegamy na tym, co nazywa się „myśleniem magicznym". Uważamy, że może kontrolować świat oraz zachowanie otaczających nas ludzi. Dlatego też często na tym etapie rozwoju dzieci mogą mieć pewne obsesje (na przykład: „Jeśli nie będę deptać linii na chodniku, nie dosięgną mnie niedźwiedzie") i dlatego idą na układ z wszechświatem, by rozwiać swoje obawy. W ten sposób mogą tworzyć takie przekonania kluczowe, jak: JEŚLI ZAWSZE BĘDĘ GRZECZNY/A I MIŁY/A (lub uważny/a ostrożny/a, bardzo pracowity/a – tu można wymienić dowolną liczbę aprobowanych zachowań), WÓWCZAS MAMUSIA (albo tatuś czy starszy brat) BĘDĄ SZCZĘŚLIWI I BĘDĄ

MNIE KOCHAĆ (lub też nie będą mnie karać czy na mnie krzyczeć). To przekonanie będzie się jeszcze wzmacniać, ponieważ *czasem* będzie się sprawdzać. Czasem też dzieci będą robiły to, co im się mówi, będą słodkie i miłe, a opiekun *zareaguje* w pełen miłości sposób. A potem, niczym osoba uzależniona od jednorękiego bandyty, będą próbować jeszcze raz zagrać, nie rozumiejąc, że wygrana to tak naprawdę łut szczęścia, bo nie mamy wpływu na to, czy wygramy, mimo powtarzania dokładnie takiej samej strategii. Oczywiście, jeśli mimo braku szczęścia uda się nam wywołać taką samą reakcję opiekuna, wierzymy, że jeszcze bardziej musimy się starać i to nasza wina, że nie wygrywamy częściej.

Tych wzorców przekonań i zachowań, które wydawały się efektywne w zaspokajaniu naszych potrzeb, kiedy byliśmy dziećmi, później już nie sprawdzamy, tylko często przenosimy je w dorosłe życie, kiedy są już dużo mniej efektywne, a nawet *przeszkadzają* nam stać się takimi, jakimi chcemy być. W przypadku Moniki była to strategia rozweselania, która sprawdzała się przy zapobieganiu nieprzewidywalnym napadom złości jej mamy. Jednak teraz ta sama strategia prowadziła ją do kompletnego wyczerpania i była na tyle męcząca, że dziewczyna unikała spotkań z ludźmi, przez co czuła się samotna i pozbawiona znajomych. Moja praca z Moniką polegała więc na znalezieniu sposobów, by bezpiecznie przetestować jej przekonania za pomocą metody małych kroków i przekonać ją, że dezaprobata innych nie doprowadzi do jakiejkolwiek katastrofy czy niestosownej reakcji ze strony rozmówców (patrz rozdział ósmy, gdzie mówię o tym więcej).

UNIKASZ GNIEWU, CZY SZUKASZ AKCEPTACJI: JAKI TYP MIŁEGO REPREZENTUJESZ

Wielu Miłych stosuje, tak jak Monika, strategię „unikania gniewu". Taka osoba *nieproporcjonalnie* do okoliczności obawia się konfliktu, dezaprobaty czy krytyki ze strony innych. Często będzie więc unikać: wyrażania niezadowolenia w restauracji, zwracania rzeczy w sklepach, składania jakichkolwiek skarg czy reklamacji (nawet w uzasadnionych przypadkach), niezgadzania się z kimś w trakcie sporu czy dyskusji, odmawiania czyimś prośbom lub proszenia kogoś, by przestał czy też zaczął coś robić. Będzie też unikać: angażowania się we wszelkie kampanie zdenerwowanych osób w pracy, w sąsiedztwie lub na szkolnym placu zabaw, czy też tych, którzy starają się przekonać ich, by również wyrazili swoje niezadowolenie i podpisali jakąś petycję lub wniosek. Mili obawiają się samej obecności takich ludzi, zanim zdążą oni poprosić o coś, czego nie można im później odmówić.

Na drugim biegunie znajduje się Miły Poszukujący Aprobaty. Z mojego doświadczenia wynika, że u większości osób dotkniętych Przekleństwem Bycia Miłym występują obie strategie: Unikający Gniewu i Poszukujący Aprobaty, choć jedni bardziej skłaniają się ku pierwszej, a inni ku drugiej. Obie strategie, zarówno unikania gniewu, jak i szukanie aprobaty, przybierają różne formy.

U góry mojej listy znajdują się: łagodzenie konfliktów i nieprzyjemnych sytuacji, okazywanie sympatii osobom złym i zdenerwowanym, schlebianie ludziom w nadziei, że jeśli nas polubią, to przestaną być źli (niekoniecznie chodzi o sytuację, kiedy są źli na nas, choć barometr Miłego jest na tyle wrażliwy, że właściwie nie rozróżnia on, czy ktoś jest zły na niego, czy też na kogoś lub coś innego). Następne będzie szukanie pochwał, wyrazów podziękowania, wdzięczności, „wyznaczników doskonałości" (cokolwiek to dla nas znaczy: dla opisywanej poniżej Samanthy jest to nieskazitelnie czysty dom czy wyprasowane i markowe ubranka dziecięce), spełnianie dobrych uczynków, nieodmawianie prośbom innych, zabieganie o to, aby wszyscy go lubili (a przynajmniej by nikt nie okazywał mu niechęci), dostosowywanie się do otoczenia, bycie miłym, pomocnym, uprzejmym i altruistycznym.

Czytelnik może teraz odnaleźć niektóre albo i wszystkie nieobce mu cechy i zachowania, a także dodać do listy wiele innych. Oczywiście, żadne z tych zachowań samo w sobie nie jest złe. Jednak dobrze wiemy, że są one dla nas, Miłych, niekorzystne, bo wierzymy, że nie mamy dla nich alternatywy, w związku z czym czujemy się jak w pułapce. Naszym celem z kolei jest by być Miłym wtedy, kiedy taka będzie nasza decyzja i wybór.

Jeśli możesz się upewnić, że masz aprobatę osób, które mają nad tobą jakąś władzę (dla przykładu twój szef) lub też w dorosłym życiu osoba, której podświadomie *zdecydowałaś się* przypisać siłę (twój partner, przyjaciel, rodzic), wówczas uznasz, że świat jest uporządkowany. Natychmiast odnajdziesz spokój, bezpieczeństwo i dobrze się ze sobą poczujesz. To dlatego właśnie Mili mają tendencje do perfekcjonizmu. Przytoczę przykład Moniki (patrz s. 39): jeśli udało jej się wykonać wszystkie polecenia mamy *perfekcyjnie*, wówczas mogła liczyć na pochwałę, miłe spojrzenie czy przytulenie. Jednak jeśli tylko coś poszło nie po myśli mamy, wówczas córka dostawała burę, była krytykowana lub ignorowana.

Samantha: I kto mnie teraz pochwali?

Życie Samanthy po urodzeniu pierwszego dziecka, kiedy miała trzydzieści pięć lat, stało się niezwykle trudne. „Czuję się zagubiona, już nie wiem, kim jestem", wyznała mi i zaczęła płakać. „Zanim urodziłam Izzy'ego, byłam bardzo pracowita i ambitna, a teraz wszystko wymyka mi się spod kontroli. Przejmuję się tym, co ludzie o mnie myślą, boję się o swoją karierę, wygląd. Po ciąży zostały mi jeszcze dodatkowe kilogramy. Zaczęłam się martwić, czy mąż nadal uważa mnie za atrakcyjną kobietę".

Macierzyństwo w przypadku wielu kobiet ma duży wpływ na postrzeganie siebie samych. Wiele elementów ich tożsamości: bycie dobrą w wykonywanej pracy, zadowolenie z własnego ciała, bycie zaufaną przyjaciółką, aktywną partnerką, dysponowanie czasem i możliwość wykorzystania go na robienie rzeczy sprawiających przyjemność – te różne elementy nagle znikają, jedne na jakiś czas, inne na dobre, a jeszcze inne są zastępowane rzeczami, o których istnieniu jeszcze się nawet nie wie.

Samantha wyjaśniła mi, że była jedynaczką i miała kochających rodziców, którzy mówili jej, że jest wspaniała i jeśli tylko się postara, może dojść do wszystkiego, czego zapragnie. Bardzo lubiła balet i chciała zostać sławną baleriną, solistką *Jeziora łabędziego*, oklaskiwaną przez tłumy fanów. „Od trzeciego do siedemnastego roku życia ćwiczyłam przez cztery wieczory w tygodniu, również w weekendy. Miałam bardzo surową nauczycielkę. Dużo ode mnie wymagała i rzadko mnie chwaliła. Jeśli byłam najlepsza na egzaminie, mogłam liczyć jedynie na lekki grymas uśmiechu na jej twarzy, podniesienie brwi i ostrzeżenie, że następny egzamin będzie dużo trudniejszy, więc lepiej byłoby, gdybym się zabrała do pracy".

W czasie naszych sesji Samantha zdała sobie sprawę, że otrzymanie pochwały od nauczycielki wpływało na nią niezwykle motywująco. Pragnęła zostać jej „maskotką". „Myślę, że moja postawa w pracy wynika z tego, że jestem tancerką. Nie mogę nie doceniać roli, jaką odegrała w moim życiu nauczycielka tańca i jak wpłynęła na moją potrzebę poświęcania mi uwagi. Mój ostatni szef wręcz mnie uwielbiał, bo jako pierwsza otwierałam biuro i jako ostatnia je zamykałam. Pracowałam jak szalona, a wszystko po to, bym została pochwalona".

Gdzie szukasz aprobaty społecznej?

Wielu z nas odnajdzie siebie w historii Samanthy. Kiedy pochwała jest dla nas najważniejsza, zrobimy wszystko, by ją otrzymać, uzależniamy się od niej, szukamy jej wszędzie, staje się dla nas motywacją.

Sławny psycholog Carl Rogers pisał o niezgodnościach między rzeczywistością obiektywną a subiektywną jako o źródle problemów adaptacyjnych. Mogą one występować wtedy, gdy *to, co myślimy*, różni się od tego, co dzieje się realnie. Człowiek nie żyje w świecie realnym, lecz we własnej rzeczywistości. Rzeczywistość więc może być obiektywna i subiektywna, zależnie od tego, czy oceniamy swoje działania, pracę, dokonania i zachowanie sami (ocena wewnętrzna), czy też polegamy na tym, jak oceniają nas inni (ocena zewnętrzna).

Oczywiście to się zmienia stosownie do sytuacji i często stanowi mieszankę obu postaw. Jednak musimy też być realistami. W kontekście, na przykład, zewnętrznych egzaminów i oceniania kwalifikacji nie zajdziesz daleko, jeśli twoja rzeczywistość subiektywna mówi, że jesteś piątkową uczennicą, tymczasem rzeczywistość obiektywna w postaci wyników z matury mówi o czymś wręcz przeciwnym. W dzisiejszym świecie lwia część rzeczywistości obiektywnej jest wbudowana w naszą kulturę, w której dominuje wszechobecny duch konkurencyjności, począwszy od nieskończonej liczby egzaminów, a na ocenianiu fotografii na Facebooku kończąc.

Jednak jest nadzieja, że jeśli cierpisz na Przekleństwo Bycia Miłym, wówczas rzeczywistość subiektywna będzie *dużo* ważniejsza i silniejsza niż wewnętrzna. Faktem jest, że wielu moich pacjentów boryka się z uznawaniem za własne któregoś ze swoich przekonań, sądów czy ocen. Tymczasem oddalili się pod osąd innych, a często ten nawyk wykształcił się już w dzieciństwie, kiedy wszystko kręciło się wokół tego, *co robili*, a nie jacy *byli*. I w ten sposób powracamy do zjawiska miłości warunkowej, kiedy człowiek czuje się kochany i doceniany za to, co zrobi, a nie za to, jaki jest.

PRZEKONANIA NABYTE WE WRAŻLIWYM OKRESIE DORASTANIA

Moja wieloletnia praca z pacjentami wykazała, że uczucia miłości i przywiązania wykształcone w dzieciństwie przyczyniają się do powstania przekonań i zachowań działających na naszą niekorzyść w dorosłym życiu. Jestem przekonana, że duży i znaczący wpływ na taki stan rzeczy ma również to, co dzieje się we wrażliwym okresie dorastania.

Ella: strach przed wrednymi dziewczynami

Kiedy Ella dorastała, jej ojciec pracował dla wielkiej, międzynarodowej korporacji i był wysyłany na placówki po całym świecie. Dziewczynka musiała więc wiele razy zmieniać szkołę i zawsze miała poczucie, że jest „nowa", często też nie była w stanie porozumieć się z innymi dziećmi w swoim ojczystym języku. Była inteligentna i szybko się uczyła, więc zanim stała się nastolatką, przeprowadzki nie stanowiły większego problemu. „Do tego czasu chodziłam do amerykańskich szkół i było tak jak w filmie *Wredne dziewczyny*. Zawsze istniała grupa wyluzowanych dziewczyn, które miały silną pozycję i traktowały okropnie takich dziwaków jak ja, czyli tych, którzy nie tak się ubierali i nie orientowali się w wielkim świecie. Śmiały się z moich włosów, akcentu, nieumiejętności obchodzenia się z chłopakami".

Ella czuła się wykluczona i zaczęła wierzyć, że jest nieudacznicą. „W soboty nigdzie nie wychodziłam, tylko oglądałam z rodzicami beznadziejną telewizję. Nigdy nie dzwonił telefon. A w poniedziałek wszyscy dookoła opowiadali sobie, na jakiej byli imprezie, kto jest z kim, kto komu się podoba, a ja byłam i czułam się wykluczona z tego pozornie ekscytującego świata, gdzie działy się też sprawy damsko-męskie".

W efekcie Ella wyrosła na kobietę niezwykle zależną od opinii innych, z wielką potrzebą akceptacji ze strony przyjaciół, cały czas obawiającą się utraty kontaktu z grupą i bycia odrzuconą. Jeśli tylko słyszy o jakimś wydarzeniu, w którym nie brała udziału, natychmiast zastanawia się, co komu nie tak powiedziała, stara się sobie przypomnieć, czy kogoś nie uraziła. Ma wręcz obsesję na punkcie wtopienia się w grupę przyjaciół i przynależności do niej. I mimo że teraz sama już kupuje sobie ubrania i chodzi do fryzjera, chcąc mieć odpowiednią fryzurę, nadal ma świadomość, że często w grupie czuje się niepewnie i bezustannie kontroluje, co powie i co zrobi, by nie wyróżniać się zanadto i nie przysporzyć sobie kłopotów. „Czuję się kompletnie wyczerpana ciągłą potrzebą zachowywania czujności. Nigdy nie potrafię być sobą, a nawet sama już nie wiem, kim tak naprawdę jestem. Zawsze myślę, że nie mogę nikomu czegokolwiek odmówić, odrzucić czyjegoś zaproszenia, bo nie chcę tego kogoś zranić lub sprawić mu przykrość". To wszystko sprawia, że Ella czuje się nieszczęśliwa. „Czasem myślę, że nienawidzę własnego życia, chciałabym gdzieś uciec, nie wiadomo gdzie, i zacząć wszystko od nowa", powiedziała załamana.

Wiele osób bardzo dobrze wie, co czuje Ella, i rozumie jej potrzebę ucieczki. W dalszej części książki dowiemy się, co się działo z nią później i jak sama ze sobą doszła do ładu, jak nauczyła się dostrzegać, czego tak naprawdę pragnie, jak udało jej się wzmocnić swoją samoocenę i stać się mniej zależną od tego, co myślą i mówią o niej znajomi (patrz rozdziały czwarty i ósmy).

Okres dorastania jest kluczowy, jeśli chodzi o formułowanie przekonań i zachowań, szczególnie w kontekście seksualności: Czy ja się podobam? Czy chłopcy/

dziewczyny będą się chcieli ze mną umawiać? Co powinnam/powinienem zrobić, by stać się pożądaną/pożądanym?

Sarah: jako ostatnia wychodzi z baru

Sarah, żywotna trzydziestosześciolatka, przyszła do mnie, ponieważ uważała, że nie tylko blokuje własne życie, gdyż bezustannie stara się zrzucić zbędne kilogramy, ograniczyć picie alkoholu, ale również niszczy wszelkie swoje związki z mężczyznami, mając wiecznie wrażenie, że nie jest wystarczająco dobra. Wydaje się, że te szkodliwe przekonania rozwinęły się raczej w okresie dojrzewania niż we wczesnym dzieciństwie. „Miałam całkiem szczęśliwe dzieciństwo", mówiła Sarah. „Miałam poczucie bezpieczeństwa i było nam wszystkim dobrze ze sobą. Byliśmy szczęśliwą rodzinką grubasków. I tak długo, jak trzymaliśmy się razem, wszystko było dobrze". (Sarah jest mistrzem w naśmiewaniu się z siebie samej, aby na wszelki wypadek nikt jej w tym nie przebił, jak mi później wyjaśniła).

„Kiedy byłam nastolatką, było już gorzej. Moją przyjaciółką w szkole średniej była dziewczyna pod każdym względem wspaniała, co dodatkowo mi nie pomogło. Przyzwyczaiłam się jednak do bycia jej grubą koleżanką. W pewnym sensie taki stan rzeczy spowodował, że musiałam być zabawna i starać się o sympatię innych. Pocieszałam się myślą, że choć nie jestem pociągająca, ale przynajmniej znajomi będą mnie lubić".

W czasie jednej z sesji, kiedy Sarah wspominała bolesne szczegóły z lat dojrzewania, uświadomiła sobie, kiedy mógł się ukształtować jej nawyk picia alkoholu. „W pewnym okresie moja piękna przyjaciółka miała chłopaka, który grał w drużynie rugby. Chodziłam więc wszędzie z nią i z całą drużyną zawodników i myślę, że wtedy zaczęło się moje picie. Nie mogłam być piękną, nie mogłam zostać dziewczyną któregoś z nich, więc stałam się kompanem do picia i do zabawy. Do dzisiaj wychodzę z każdej imprezy ostatnia. Chłopcy z drużyny postrzegali to jako coś bardzo fajnego".

Sarah ciągle też pamiętała niemiłe doświadczenia, kiedy to chłopcy starali się z nią zakolegować, by móc poznać jej piękniejszą przyjaciółkę. Jeżeli więc ktoś się nią interesował, nie wierzyła w to i nie zauważała tego faktu. Dopiero podczas którejś sesji zdała sobie sprawę, że chłopak, którego traktowała jak kolegę, bojąc się traktować jak przyjaciela, bo nie wierzyła, że może mu się podobać, prawdopodobnie podkochiwał się w niej. „Pisał do mnie listy, wieczorami godzinami wisieliśmy na telefonie, ale storpedowałam możliwość nawiązania jakiejkolwiek bliższej relacji. Pamiętam, że poszliśmy na dyskotekę i w pewnym momencie odepchnęłam go mocno od siebie. Wyglądał wówczas na bardzo zaskoczonego. Wydaje mi się, że nigdy nie uwierzyłam, iż mogłabym być jego dziewczyną".

Sarah bardzo posmutniała na to wspomnienie, ale pomogło jej ono zmienić postrzeganie siebie w relacjach z mężczyznami i zrozumieć, jak bolesne doświadczenia nastolatki wpływały na jej dorosłe życie.

BĄDŹ DLA SIEBIE DOBRY/A NIE OBWINIAJ SIĘ

To ważne, aby dowiedzieć się i zrozumieć, skąd wzięły się nasze negatywne przekonania i zachowania. Potraktujmy siebie ze zrozumieniem i akceptacją, a nie z większą dezaprobatą, krytycyzmem czy surowym osądem. Po prostu bądźmy dla siebie dobrzy. Kiedy już zorientujemy się, gdzie leży przyczyna naszych problemów, można zacząć wprowadzać zmiany i uwolnić się od określonego sposobu myślenia oraz zachowań, które w niczym nam nie pomogą. W rozdziale szóstym zobaczymy, co się stało, gdy Sarah z empatią i wyrozumiałością porozmawiała z tkwiącą w niej piętnastolatką.

Myślę, że w tym samym duchu, ze zrozumieniem i ciekawością, należy porozmawiać z dorosłymi, którzy w jakiś sposób mieli wpływ na tworzenie się omawianych tu wzorców. Większość rodziców stara się być najlepszymi rodzicami, oczywiście w ramach swoich możliwości i mając własne doświadczenia z dzieciństwa. Tym, co często i ja, i moi pacjenci odkrywamy, grzebiąc trochę w przeszłości (patrz rozdział piąty), jest pytanie, czy ich matki i ojcowie często przeżywali ogromny stres, wychowując swoje potomstwo. Zdarzało się, że mieli trójkę dzieci poniżej piątego roku życia, brakowało im pieniędzy, a nie było jednorazowych pieluch. Musieli być wykończeni, w złym humorze i zniecierpliwieni. Możliwe też, że sami byli pogrążeni w bólu po jakiejś bolesnej stracie, może stracili matkę lub ojca, albo urodziło im się martwe dziecko, o czym się nie mówiło. Albo ojciec pracował w innym mieście, miał tam romans, a kiedy wracał, w domu czuło się napięcie, dochodziło do kłótni czy nawet bicia. Albo w rodzinie ktoś był poważnie chory lub uzależniony. Na żadne z tych zdarzeń dzieci nie miały żadnego wpływu, to nie one były przyczyną tych problemów, ani też nie mogły ich rozwiązać.

Warto też pamiętać, że wiele przełomowych odkryć z zakresu emocjonalnego czy psychologicznego rozwoju dzieci upowszechniło się w społeczeństwie dopiero jakąś dekadę temu. Przyczyniła się do tego popularność programów typu *Superniania* i płynący z nich przekaz, że należy bezwarunkowo kochać dzieci, jednocześnie stawiając im jasne i wyraźne granice. Podobne programy miały szeroki zasięg i odbiór, ale dla wcześniejszych pokoleń ta wiedza nie była tak oczywista i dostępna jak obecnie.

NARYSUJ DRZEWO GENEALOGICZNE SWOJEJ RODZINY

W tym momencie może się okazać przydatne narysowanie drzewa genealogicznego swojej rodziny. To pomoże ci zastanowić się, jak cię wychowywano i zacząć rozpoznawać ukształtowane dzięki niemu zasady i przekonania. Możesz zacząć od swoich dziadków i dojść aż do siebie. W kołach przeważnie wpisuje się imiona kobiet, w kwadratach – mężczyzn, łącząc linią kobietę z mężczyzną jako rodziców, a pod spodem umieszcza się imiona dzieci. Nie należy się przejmować, czy ładnie to narysowaliśmy, czy nie.

W terapii takie drzewo określamy mianem genogramu. Dołączamy do niego wszelkie informacje, które pozwolą nam dowiedzieć się, jaka droga poprowadziła nas do tego, kim jesteśmy. Można tu wpisać ważne zdarzenia z życia przodków, takie jak: rozwód, przeprowadzka, romans czy nagła śmierć. Warto dodać krótki psychologiczny ich opis na przykład: osoba krytyczna, zarządzająca, dobra, szczodra, wspaniałomyślna, coś, co pamięta się o nich. Można też porozmawiać z bliskimi krewnymi, aby dowiedzieć się czegoś więcej o danej osobie. Jeśli to zadanie wyzwoli/przywróci bolesne wspomnienia i okaże się, że nie jesteśmy w stanie sami przez nie przebrnąć, wówczas warto porozmawiać z kimś, komu się ufa, lub pomyśleć o wizycie w poradni czy u terapeuty.

PODSUMOWANIE

Oto najważniejsze kwestie, które poruszyliśmy w tym rozdziale, a do których wrócimy jeszcze w dalszych rozdziałach:

- Staraj się być „wystarczająco dobry/a".
- Przyjrzyj się „warunkom wartości" oraz przyczynom i znaczeniu pewnych swoich przekonań i zachowań.
- Wzmocnij swoją samoocenę.
- Przestań się obwiniać.
- Narysuj drzewo genealogiczne swojej rodziny, aby poznać źródła własnych zasad i przekonań.

ROZDZIAŁ TRZECI

Różne typy osób Miłych: który z nich reprezentujesz?

Kiedy jako psycholog pracowałam w Holloway Prison, największym w Europie zakładzie karnym dla kobiet, gdzie przebywa ponad czterysta więźniarek, część mojej pracy polegała na przeprowadzeniu warsztatu z asertywności. Dla niektórych moich znajomych i kolegów temat kursu był powodem do żartów, a dla mnie – kluczowym elementem moich zmagań. W każdym razie z doświadczenia i praktyki wiem jedno: naprawdę bardzo niewielu ludzi jest asertywnych na wszystkich płaszczyznach życia. Wszyscy na ogół mamy co najmniej jeden słaby punkt, a jednocześnie większość z nas ma przynajmniej jedną płaszczyznę, na której potrafi się spokojnie i jasno komunikować. Co przy tym ważne: efektywna komunikacja to coś, czego można się nauczyć (lub też nauczyć się przenieść ją z obszarów, w których czujemy się i jesteśmy mocni, na obszary, w których jesteśmy słabsi). Nie jest to więc coś, z czym jedni (szczęściarze) się rodzą, a inni nie.

W grupie z więźniarkami wykonywałyśmy zadanie zwane ćwiczeniem z linią, polegające na tym, że w poprzek pomieszczenia wyznacza się prostą, wzdłuż której ustawione są: poszczególne osoby przedstawiające określone cechy (opisane w książce *Masz prawo być kobietą* autorstwa wspaniałej psycholog Anne Dickson) a tabliczki z imionami kobiet leżą na podłodze. Z jednej strony linii stoi Dulcie Doormat (Popychadło), która prezentuje pasywną postawę, a z drugiej – Agnes Aggressive (Agresywna). Obok Agnes znajduje się Ivy Indirect (Pośrednia), która uosabia postawę pasywno-agresywną, a po środku – Selma Assertive (Asertywna) o postawie, do której dążymy. Następnie czytałam poszczególne scenariusze i wszystkie miałyśmy się ustawić w tym miejscu linii, które najbardziej odpowiada naszej postawie w świetle czytanego przeze mnie scenopisu. Fascynujące było to, jak bardzo się wszystkie różniłyśmy, a jednocześnie, jak w niektórych punktach byłyśmy zgodne.

Weźmy dla przykładu pierwszy scenariusz – odnoszenie do sklepu uszkodzonych rzeczy. Ja stanęłam w miejscu Dulcie Doormat, gdyż jest to sytuacja, której się boję i która mnie stresuje. Jedna z kobiet trochę się ze mnie podśmiewała, mówiąc: „Ale z pani pierdoła". A chwilę później wszystkie ustawiły się przy tabliczce Agnes Aggressive (Już ja im k... powiem!). W innym scenariuszu należało się przeciwstawić krytykującemu nas i podkopującemu naszą wiarę w siebie partnerowi. Wybrałam miejsce bliżej postawy asertywnej, ale niektóre kobiety kręciły się wokół tabliczki Dulcie Doormat, ponieważ ten scenariusz był dla nich dużo większym wyzwaniem niż poprzedni. Kiedy przyszło do reagowania na kogoś, kto wymusza pierwszeństwo jazdy, ładując się przed nasz samochód, wszystkie stanęłyśmy przy Agnes Aggressive i orzekłyśmy, że w prywatnej przestrzeni własnego samochodu czujemy się na tyle bezpiecznie, że potrafimy nakrzyczeć na innego kierowcę, przekląć, a nawet pokazać niecenzuralny gest.

Przeprowadzałam też kiedyś szkolenie dla kadry zarządzającej, gdzie również robiłam ćwiczenie z linią, choć w innej wersji (wówczas zamiast kobiecych imion były maskotki, w tym Pies Wycieraczka, Agresywny Aligator). Większość uczestników szkolenia (w przewadze byli mężczyźni) z kadry zarządzającej była bardzo doświadczona, czująca się pewnie w pracy. Niektórzy mieli pod sobą setki ludzi i każdego dnia podejmowali mnóstwo ważnych decyzji. Tymczasem stawali się zupełnie bezradni w kwestiach rodzinnych:

nie umieli odmówić dziecku jeszcze jednej paczki cukierków czy spełnienia nieracjonalnej prośby partnerów.

Nasze reakcje i odpowiedzi w każdej relacji czy sytuacji zależą od naszych przekonań, emocji i zachowań w danej roli, związku czy sytuacji.

GDZIE I KIEDY JESTEŚ PEWNY/A SIEBIE?

Niewielu z nas jest w stanie spokojnie i jasno komunikować się na wszystkich płaszczyznach życia, pewnie wszyscy w jakimś stopniu mamy taką słabszą płaszczyznę, gdzie dotyka nas Przekleństwo Bycia Miłym. Przytaczam tutaj przykłady z życia moich pacjentów, aby zobrazować pewne obszary naszego życia, które chcielibyśmy zmienić.

Kirsty – Miły i dobry rodzic

Kirsty przyznała, że nie do końca była matką z przekonania. Miała mieszane uczucia, gdy dowiedziała się, że jest w ciąży. Cieszyła ją myśl na nową przygodę w życiu, ale pamiętając niezbyt dobre doświadczenia z dzieciństwa, była przerażona, że i ona stanie się taką matką, jaką sama miała – pełną złości, wybuchową, rzucającą obelgi. Ojca często nie było w domu, dużo podróżował w związku ze swoją pracą, więc wydawało się jej, że matka była zestresowana i nieszczęśliwa, siedząc cały czas sama z małymi dziećmi. „Nie lubię jej, a momentami nawet nienawidzę", powiedziała mi Kirsty. „Dzwonię do niej, czy odwiedzam ją, kiedy naprawdę muszę – z poczucia winy lub obowiązku, albo dlatego, że tata wywiera na mnie presję".

Pozytywne uczucia Kirsty na temat jej ciąży wiązały się z nadzieją odkupienia grzechów, uzdrawiającego doświadczenia bycia zupełnie inną matką niż jej własna. „Myślę, że w moim macierzyństwie koncentruję się na tym, by mój syn nie miał w stosunku do mnie takich uczuć, jak ja do mojej mamy. Nie chciałabym, żeby za trzydzieści lat znalazł się na terapii i utyskiwał na mnie! Chciałabym, żeby mnie lubił, kochał i spędzał ze mną dużo czasu".

Syn Kirsty, Max, miał trzy lata, kiedy ona przyszła na terapię. Czuła się przytłoczona i zmęczona swoim życiem. Obdarzając syna bezwarunkową miłością, praktycznie nie była w stanie postawić mu żadnych granic. Nie mogła znieść, kiedy płakał, więc codziennie wieczorem kołysała go w ramionach do snu, przenosiła go do własnego łóżka, kiedy budził się w nocy, i coraz bardziej jej samej brakowało snu. Całymi dniami bawiła się z Maxem i planowała wszystko pod kątem jego potrzeb i zachcianek. Opisała mi pewien przełomowy moment, który przekonał ją, że musi iść na terapię.

„Za każdym razem, gdy szliśmy do supermarketu, kupowałam mu płytę DVD ze stojaka znajdującego się przy kasie. Dobrze wiem, że nie powinnam była ustępować. Sama jednak wykształciłam w nim oczekiwanie, że zawsze ją dostanie. Jeśli mówiłam, że dzisiaj nie kupimy płyty, bo ma już ich dużo, wówczas Max zaczynał płakać i jeśli szybko się nie złamałam, natychmiast robił wielką scenę z krzykiem, płaczem, a ja się stresowałam, że wszyscy będą na mnie patrzeć i zaraz pomyślą, jaka ze mnie okropna matka!".

Tego dnia, o którym mi opowiadała, Kirsty akurat nie miała wystarczająco dużo pieniędzy na zakup DVD, więc musiała odciągnąć wrzeszczącego chłopca, będąc jednocześnie przekonana, że uraziła jego uczucia i żal do niej pozostanie mu na całe życie. Co gorsza, on też nie przebierał w słowach, krzycząc: „Nienawidzę cię, nienawidzę cię, mamo. Nienawidzę!".

Kirsty zaczęła płakać. „Nie mogłam znieść jego bólu i cierpienia. Wiem, że sprawiłam mu wielką przykrość. Ale dłużej już tak nie mogę. On niszczy moje życie, a ja czuję się okropnie rozżalona. Jednocześnie mam poczucie winy, że zamieniam się w swoją mamę. On już mnie nienawidzi". Paradoksalnie Kirsty sama doprowadziła do sytuacji, której tak bardzo się bała.

Nie wszyscy Mili i dobrzy rodzice są tacy sami jak Kirsty, ale dla wielu matek (a także ojców) to często powtarzany schemat. I, jak to zwykle bywa w przypadku Miłych, kluczowe słowa i powracające motywy to poczucie winy, rozżalenie, tworzenie oczekiwań, które trudno potem zmienić (bez jakże przykrych i męczących awantur czy wybuchów złości).

Macierzyństwo często wpisuje się w kulturowe ideały kobiecości, przez co jeszcze bardziej pogłębiają się już wcześniej kiełkujące w kobiecie skłonności do poświęcania się i męczeństwa. Jak pisze Susan Faludi w *Backlash: The Undeclared War Against American Women* (Backlash. Niewypowiedziana wojna przeciwko amerykańskim kobietom): „przejawy wycofywania się i męczeństwa… to tradycyjne kulturowe etykietki honoru kobiety, które przynoszą jej społeczną aprobatę i miłość”. A oto, co w podobnej sytuacji napisała do mnie pewna pacjentka w zaawansowanej ciąży po pierwszej sesji terapii: „Byłam przekonana, że moje potrzeby powinny znajdować się na szarym końcu, skoro zostałam mamą. Jeśli postąpię inaczej, będą złą matką. Dziękuję pani za wytłumaczenie mi, że jeśli nie zadbam o siebie i nie znajdę sposobu, by «naładować akumulatory», wówczas nie będę miała co z siebie dać dziecku. Znów czuję nadzieję!”.

Amanda – Miła i dobra partnerka

Amanda w wieku czterdziestu pięciu lat znalazła w końcu prawdziwą miłość i czuła się absolutnie szczęśliwa. Pierwszy chłopak, na którym jej zależało, złamał jej serce, kiedy miała dwadzieścia trzy lata. I mimo że miała od tego czasu sporo romansów i randek, od tamtego zdarzenia nie ufała mężczyznom. „Faceci zawsze zdawali się rozdawać karty", powiedziała mi, tłumacząc, dlaczego przyszła na terapię. „Nigdy tak naprawdę nie wiem, co oni sobie myślą i wydaje mi się, że zawsze w odwodzie mają inną randkę. Chcę, by to się zmieniło".

Kiedy Amanda spotkała Simona, zapragnęła przejść do etapu znanego z komedii romantycznych w stylu „i żyli długo i szczęśliwie". Jednak jak wszyscy dobrze wiemy, życie nie jest takie sielankowe i proste. Simon miał za sobą bardzo ciężki rozwód, z którego wyszedł pokaleczony i słaby. Na każdy weekend do małej miejscowości, położonej o kilkaset mil od miejsca zamieszkania Amandy, przyjeżdżał do niego nastoletni syn. Ona jednak rzuciła się w ten związek całą sobą, zaangażowała się emocjonalnie, finansowo, poświęciła mnóstwo swojego czasu i energii. Nauczyła się komputerowej gry w Call of Duty, by móc zabijać wirtualnych kosmitów i nawiązać więź z wrogo usposobionym do niej synem Simona. Znosiła zostawiany przez niego w łazience bałagan, szukając wśród sterty mokrych ręczników jednego suchego, by móc się wytrzeć i bez słowa wyrzucała walające się w kuchni puste pudełka po pizzy.

Amanda robiła wszystko, co jej zdaniem powinna robić idealna partnerka: gotowała, sprzątała, prasowała, mimo że Simon wcale jej o to nie prosił. Cierpiała, dojeżdżając przez wiele długich godzin pociągiem na każdy weekend do ukochanego i zaczynała już nienawidzić myśli o nieuchronnej drodze powrotnej i braku czasu dla siebie. Przeważnie każdego wieczoru rozmawiali ze sobą po dwie godziny przez telefon, a wtedy Amanda utożsamiała się ze skomplikowanymi układami w pracy i w życiu rodzinnym swojego partnera, o własnych problemach praktycznie nie wspominając.

Nagle zapadła na zdrowiu. Miała tak silne bóle brzucha, że poszła do lekarza, bojąc się, że ma raka żołądka. „Czy pamiętasz, kiedy te bóle się zaczęły?", zapytałam. „Czy wiązały się z czymś, pojawiły w określonych okolicznościach lub sytuacjach?". Chwilę się zastanawiała. „Właśnie wsiadłam do pociągu, wracając do domu od niego…", odpowiedziała. „Czy pamiętasz, co wówczas czułaś?", dopytywałam. „Byłam potwornie rozżalona. Miałam wrażenie, że za dużo na siebie wzięłam, coś jakbym połknęła". „I znalazło się to w twoim żołądku?". „Tak! O matko, tak to właśnie był ten ból w żołądku. Miałam też wrażenie, że coś mnie ściska w gardle. Nie jestem wcale chora, tylko mam dość tego uczucia rozżalenia, źle mi z nim!".

Razem opracowałyśmy coś takiego, jak „barometr rozgoryczenia", który pozwala odczytać: Czego potrzebuję? Co powstrzymuje mnie, by poprosić o to, czego pragnę? Czego się boję? Amanda stwierdziła, że bała się stracić miłość: „Jeśli poproszę o to, czego potrzebuję, on nie będzie mnie już kochał", takie było jej rozumowanie. Odkryła też i inne przekonania kluczowe: NIE MOGĘ GRYMASIĆ, NIE MOGĘ BYĆ CIĘŻAREM. To była tylko diagnoza i zrozumienie problemu przez Amandę. Jednak, jak wszyscy wiemy, najtrudniejszą rzeczą jest zmiana sposobu postępowania. Wrócimy do tego przypadku w rozdziale czwartym.

Miły partner to nie tylko zjawisko początkowej fazy znajomości, kiedy wszyscy chcą się pokazać z jak najlepszej strony, by zachować czyjeś względy. Równie dobrze możesz się zorientować, że takim właśnie Miłym partnerem jesteś w swoim małżeństwie lub długoletnim związku. I to ty właśnie za dużo dajesz, ty szukasz kompromisu i ty łagodzisz konflikty. Jednocześnie uważasz, że zbyt dużym ryzykiem byłoby otwarcie to powiedzieć drugiej osobie, zidentyfikować problem i wyjawić, czego potrzebujesz. Może chodzić o coś zupełnie prostego, praktycznego („Pomóż mi z praniem"), ale też o coś dużo trudniejszego, dotyczącego sfery emocji („Potrzebuję więcej twojej uwagi i miłości"). To może dotyczyć zarówno kobiet, jak i mężczyzn, związków homoseksualnych, jak i heteroseksualnych.

Często Miłych ciągnie podświadomie do osób niemających większych problemów w tych sferach, które dla nich są trudniejsze (Harville Hendrix wyjaśnia to zjawisko w swojej książce: *Zdobędziesz miłość, jakiej pragniesz*). Na przykład, my Mili zawsze w końcu wplątujemy się w bliską relację z kimś, kogo nie stresuje złość drugiej osoby, a my cedujemy na partnera całą asertywną komunikację w trudnych sytuacjach (odmawianie czegoś innym, zdobywanie dofinansowania, użeranie się z budowlańcami itp.). Jednak takie rozłożenie ról, gdzie nasz partner wchodzi w konfrontacje, a my jesteśmy Mili, może skutkować tym, że sami zaczniemy się wycofywać, będziemy zażenowani, rozżaleni i znajdziemy się w pułapce.

Hamish – Miły mężczyzna

Postanowiłam napisać też o Hamishu, by potwierdzić tezę, że Przekleństwo Bycia Miłym nie dotyczy jedynie kobiet. Jak już wcześniej wspominałam, miałam kilku pacjentów – mężczyzn, którzy zaznali owego przekleństwa i również mocno odczuwali znalezienie się w pułapce oczekiwań innych. Podobnie jak superkobiety, które nie mogły lub nie chciały wyrazić niektórych tłumionych w sobie cech.

Kiedy recepcjonistka, która umawiała Hamisha na wizytę, powiedziała: „On wydaje się bardzo miły", ja już wiedziałam, że ten mężczyzna co nieco wie na temat Przekleństwa Bycia Miłym. Kiedy słyszę określenie: „To taka miła osoba", natychmiast włącza mi się światełko ostrzegawcze. Zastanawiam się wówczas: jaki jest koszt zdobycia takiego określenia. Wkrótce dowiedziałam się, ile kosztuje to Hamisha.

Miał miły, czarujący, charyzmatyczny uśmiech, od początku był ciepły, zaangażowany, sypał dowcipami, rozbawiał mnie. Pracował w dziale techniki informacyjnej i pomagał dosłownie *każdemu* rozwiązać problemy z komputerem, mimo że nie na tym polegała jego praca. Wszyscy uwielbiali Hamisha! Ale wiecie co? Pod jego uśmiechem kryła się wielka gorycz. „Czuję się jak w klatce w wielu aspektach mojego życia", wyznał. „Wszyscy myślą, że jestem taki fajny. I rzeczywiście część mnie jest fajna i lubię to w sobie. Ale jest i druga część, ta, przez którą aż się gotuję ze złości, bo sam szydzę z siebie i szydzę też z ludzi wokół mnie".

Hamish walczył z tą drugą, mroczną częścią siebie, ale dbał też o to, by nikt z zewnątrz nie dowiedział się o niej. A to wymagało wielkiego wysiłku. W dodatku taka strategia nigdy nie jest skuteczna w stu procentach. „Czasem pozornie mała rzecz doprowadzała mnie do szału, a wówczas ludzie odsuwali się ode mnie, zdziwieni, co się nagle stało, rozczarowani moim zachowaniem. W takich sytuacjach nie krzyczę, odnoszę się do nich z lodowatym chłodem albo z wielkim sarkazmem”. „A co się dzieje potem?”, zapytałam. „Staram się później być supermiły i naprawić to, co zepsułem”.

Często proszę pacjentów, by wykonali ćwiczenie pokazane na stronie 81 i na rysunku zaznaczyli, jakie cechy ukazują otoczeniu, a jakie tłumią w sobie albo je ignorują. Kiedy Hamish wykonywał to ćwiczenie, wokół swojego ciała narysował bijące od niego promienie, niczym od aureoli świętych, a przy nich napisał: „Nie potrafi mówić nie”, „O wszystkich się troszczy i martwi”, „Stara się, by wszystko było jak należy”. Wewnątrz swojej sylwetki narysował ciemne wiry z napisem: „Mój ojciec”. Jego tata odszedł od mamy, zostawiając ją z dwójką dzieci, kiedy Hamish miał cztery lata. „To zimny i okropny człowiek”, wyjaśnił Hamish. „Ogarnia mnie przerażenie, że mogę być taki jak on. Obaj jesteśmy bardzo uparci”, zaśmiał się gorzko.

Miły sposób bycia w wydaniu Hamisha powodował też jego spięcia z żoną. Tak bardzo nie chciał się upodobnić do swojego ojca, że spychał na drugi plan własną męskość, był niezwykle miły, po kobiecemu łagodny, a jednocześnie tak bardzo tłumił swoje uczucia, że jego żona uznała, że jest bardzo skryty i ma romans (szczególnie że widziała, z jakim zachwytem wszystkie kobiety w pracy reagowały na jego uprzejmość, co, oczywiście, tylko podsycało jej podejrzenia).

Hamish musiał więc sprawdzić, czy jest w stanie jakoś zintegrować swoje dwa oblicza, to wewnętrzne i zewnętrzne. Czy potrafi zachować w sobie część „fajnego, miłego faceta", którą inni i on sam lubili, jednocześnie pokazując swoją bardziej mroczną stronę w takim stopniu, by nie doprowadzać się do krytycznego punktu i wybuchu? W rozdziale czwartym zobaczymy, jak sobie z tym poradził.

Jessica – Miła koleżanka

Kiedy Jessica przyszła do mnie po raz pierwszy, była bardzo zainteresowana teorią o Przekleństwie Bycia Miłym. „Tak, to ja!", wykrzyknęła. Czuła, że nie ma żadnego życia poza swoją „pracą – ślepą uliczką", gdzie spędzała całe dnie, łącznie z niepłatnymi nadgodzinami, harując za dwoje, a nie otrzymując w zamian żadnego wsparcia czy uznania. I, co nieuchronne w takiej sytuacji, była bardzo zestresowana. Chciała stracić na wadze, poznać nowych znajomych, wyplątać się ze swojego związku i skorzystać z tego wszystkiego, co oferowało miasto. Tymczasem czuła się wyczerpana, smutna, wykończona po całym dniu pracy. „Nic nie jest takie, jak powinno być. Czuję się jak pięciolatka, której ktoś powie, co ma robić ze swoim życiem". I zaczęła płakać ze ściskającej serce bezradności.

Wiek pięciu lat był dla Jessiki kluczowy. Jej rodzice się rozeszli, kiedy miała rok, a mama zabrała ją ze sobą i zamieszkała ze swoimi rodzicami (czyli dziadkami Jessiki), tak by mogli się nią zajmować, kiedy mama szła do pracy, by utrzymać dom. Jako pięciolatka Jessica była bardzo grzeczną dziewczynką. Robiła wszystko, by tylko zadowolić swojego surowego dziadka, który opiekował się nią po lekcjach i wychodził z założenia, że dzieci można widzieć, ale nie należy ich słyszeć. Miał porywczy temperament, ale kiedy mała Jessica stosowała się do reguł, ciężko pracowała i była cicho, wówczas czuła się bezpiecznie.

Dwadzieścia pięć lat później Jessica nadal żyje według przekonań kluczowych pięcioletniej dziewczynki. Te same zasady, które sprawdzały się wtedy, teraz sprawiają, że Jessica czuje się wyeksploatowana i bezradna, bo robi wszystko, co jej się każe, ciężko pracuje i trzyma język za zębami. „Potrzebuję zawalczyć o siebie, odmówić wykonywania dodatkowej pracy, by móc wyjść do domu o normalnej porze". Jessica uśmiechnęła się pięknie, dodając: „Tylko jest to równie prawdopodobne, jak to, że wcisnę się w dżinsy w rozmiarze trzydzieści cztery!".

Razem narysowałyśmy obrazek ilustrujący, jak Jessica postrzega siebie w kontaktach z innymi: zawsze uśmiechnięty, chętny do pomocy anioł. Następnie dyskutowałyśmy o tym, by podjęła próbę i postarała się być choć o procent mniej miła niż zwykle. Spytałam, czy wie, co to może oznaczać w praktyce. Czy Jessica potrafi wyobrazić sobie, co takiego mogłaby zrobić jutro, aby choć o jeden procent być mniej miła. „Może odmówić prośbie koleżanki w pomocy przy ścieleniu łóżka?". Jessica wyglądała na przestraszoną i potrząsnęła przecząco głową. „Skąd ten strach?", spytałam. „Czy pojawił się w twoich myślach jakiś obraz?". „Boję się, że jeśli byłabym choć o jeden procent mniej miła, wówczas znów stanę się pięcioletnią dziewczynką, która ma fochy i dostanie za to pięciominutową karę!".

To są właśnie wrażenia i uczucie strachu, które trzymają wielu z nas w pułapce przekonań kluczowych i starych wzorców zachowań przez lata. I tylko kiedy odważymy się dokonać zmian, można takie przekleństwo przełamać. Jessica chodziła na terapię przez pół roku i stała się bardzo odważną eksperymentatorką, znacznie przekraczając ów jeden procent, który zaproponowałam na początek. W rozdziałach siódmym i ósmym zobaczymy, jak dalej sobie poradziła.

Liz – Miła przyjaciółka

Czterdziestopięcioletnia Liz przebyła szmat drogi, by dojechać na dwugodzinną sesję terapeutyczną. Usiadła i westchnęła: „Dzisiaj pomyślałam sobie, że ta sesja to jak chodzenie do spa. Nie pamiętam, kiedy coś dla siebie zrobiłam".

Od chwili rozwodu, do którego doszło pięć lat wcześniej, Liz czuje się osaczona nadmiarem obowiązków i odpowiedzialności. Przez ten czas bardzo ciężko pracowała, będąc dyrektorem jednego z centrów sztuki. Na drugim etacie, w domu, zajmowała się podtrzymywaniem na duchu i finansowym wspomaganiem swoich nastoletnich dzieci oraz utrzymywaniem kontaktów z dużym kręgiem znajomych. „Nigdy nie chciałam nikogo zawieść, czy zmartwić, ale teraz doszłam do punktu, kiedy czuję się tak przytłoczona wszystkimi zobowiązaniami, że zupełnie nie wiem, czego chcę, i nawet nie wiem, co tak naprawdę czuję".

Zauważyłam, że Liz trochę przypomina niegrzeczną uczennicę, kiedy wspomniała o tym, że chciałaby mieć czas dla siebie, a ja zastanawiałam się, co ona sobie myślała. Uśmiechnęła się zmieszana, mówiąc: „Zastanawiam się, kto mnie objedzie".

Wspólnie doszłyśmy do wniosku, że jednym z powodów, dla których nie umiała powiedzieć „nie" i wyznaczyć pewnych granic (szczególnie dotyczyło to przyjaciół), była zależność przeniesiona z dzieciństwa, że kiedy robi się, co się chce, wtedy nie jest się lubianym. Był to przekaz pochodzący od taty, który nie pochwalał zachowania córki. „Trzy lata temu powiedział mi, że zawsze żałował decyzji wysłania mnie na uniwersytet, bo wróciłam z ufarbowanymi na różowo włosami i własnymi poglądami". Chciałam mu na to odpowiedzieć: „Nie musisz mnie nie lubić tylko dlatego, że coś robię po swojemu". Ale pozostało jej przekonanie, że aby być lubianą, musi postępować tak i robić to, czego oczekują od niej inni. W tym wszystkim było jeszcze przekonanie kluczowe: NIGDY NIE MOGĘ NIKOGO ZAWIEŚĆ.

Spytałam Liz, czy spróbowałaby zawieść przyjaciół. Na początek może zacząć od czegoś małego, bezpiecznego, na przykład odwołać coś, czego nie miałaby ochoty zrobić, i zobaczyć, co się stanie po tej odmowie. Odpowiedziała wówczas, że obiecała przyjść na wieczorną imprezę do swojej znajomej, aby ją wesprzeć w ten wieczór, ale tak naprawdę marzyła o ciepłej kąpieli w wannie i wcześniejszym pójściu spać. Obiecała mi, że odwoła spotkanie i zobaczy, jak się będzie z tym czuła. Zgodziła się też prowadzić dziennik, w którym zapisze to i inne wydarzenia wraz z notatkami, co po takiej odmowie czuła. W rozdziale dziewiątym dowiemy się o niej więcej.

Wielu Miłych ma problem z odmawianiem i wyznaczaniem pewnych granic swoim przyjaciołom, sąsiadom, kolegom, znajomym. Czy będzie to zobowiązanie się do przyjścia na organizowane przez nich imprezy, odbieranie telefonów w niezręcznych dla nich momentach, czy ciągła gotowość służenia im ramieniem do wypłakania się. Zawsze chodzi o przedkładanie potrzeb innych ponad swoje oraz utrwalone przekonanie, że nie można odmówić.

Mili profesjonaliści

Jak już wiemy, Mili mają tendencję do myślenia „wszystko albo nic": jeśli w stu procentach nie jestem jakiś, oznacza to, że jestem zły. To często wygląda tak: jeśli w pełni nie współczuję komuś, nie zaspokajam czyichś potrzeb, oznacza to, że jestem samolubny, okropny, zły (tu można dodać dowolne negatywne określenie). Może to prowadzić do syndromu wypalenia się, czegoś, co określamy mianem „znużenia współczuciem". Jeśli jesteś przekonany/a, że jesteś dobry/a *tylko* wtedy, gdy starasz się pomóc światu w potrzebie, i spełniasz wszelkie prośby czy potrzeby innych, wówczas na pewno doprowadzi cię to do uczucia rozżalenia, zmęczenia i w końcu wypalenia.

Domyślam się, że wielu czytelników tej książki pracuje w tak zwanych zawodach opiekuńczych, ponieważ to naturalne powołanie Miłych. Tymczasem mnóstwo wspaniałych, dobrodusznych i uczynnych osób zachowuje się jak przysłowiowa ćma lecąca do ognia i po prostu się w nim spala. Także ty możesz się odnaleźć w którymś z przytoczonych tu przykładów. Dlatego ważne jest, by pamiętać, że przekonania i zachowania stojące za takimi postawami są wyuczone, w związku z czym można je naprawić, nauczyć się innych zachowań dla własnego zdrowia i szczęścia.

Później przyjrzymy się, jak walczyć z Przekleństwem Bycia Miłym, aby znowu poczuć własne potrzeby, ale najpierw warto poświęcić chwilę na zrobienie poniższego ćwiczenia i odkrycie swoich własnych odcieni bycia Miłym.

Ćwiczenie z Przekleństwa Bycia Miłym

To właśnie o wykonanie tego ćwiczenia poprosiłam Hamisha i Jessikę. Często je robię z moimi pacjentami na początku terapii. Jest zabawne i wnosi nieco lekkości do naszej pracy. Dla ułatwienia, by pokazać, na czym polega to zadanie, na s. 81 zamieściłam własny rysunek.

W zeszycie, jeśli z niego korzystasz, lub na kartce papieru narysuj prostą postać, która cię reprezentuje. Najlepiej, jeśli ma na sobie trójkątną szatę, gdzie wówczas jest miejsce do pisania, ale równie dobrze można jedynie zaznaczyć kreskami ramiona i nogi, a kółkiem głowę. Osobiście dorysowuję zawsze na twarzy szeroki uśmiech, gdyż przeważnie Mili często się uśmiechają. Lubię też, jak dorysowuje się charakterystyczne dla danej osoby włosy.

Następnie naszkicuj linie odchodzące promieniście od głowy i ciała postaci, trochę jak na religijnych obrazkach przedstawiających Matkę Boską, zostawiając obok miejsce na wpisanie określonych cech. Jeśli ktoś ma ochotę, może też dodać strzałki skierowane grotami od ciała, aby pokazać, jak oddajemy światu swoją energię.

Następnym krokiem jest napisanie wzdłuż narysowanych linii czy strzałek paru słów lub zdań, które odzwierciedlają to, co czujesz, że dajesz z siebie innym. Mogą to być określone zachowania, na przykład: wieczny uśmiech na twarzy, pełna gotowość do wysłuchania innych, czas dla wszystkich dookoła, nieumiejętność odmawiania ludziom, rozśmieszanie i zabawianie innych, bycie duszą towarzystwa... Lista nie ma końca, ale powinna być twoja, osobista. Mogą to też być przekonania kluczowe, które komunikujesz innym, na przykład: o każdej porze dnia można się do mnie zwrócić, dobro partnera stawiam na pierwszym miejscu, niczego nie zabraniam dzieciom. Należy jak najszybciej spisać przychodzące do głowy sformułowania, nie zastanawiać się zbytnio nad nimi. To cechy sprawiające, że na zewnątrz wyglądasz na zadowoloną, ale w środku czujesz się wypalona i zmęczona.

A teraz pomyśl o czymś, co przychodzi ci z trudem i czego raczej nie pokazujesz innym. Co pozostaje uczuciem niewyrażonym, które tkwi w tobie? Wewnątrz obrazka (w trójkątną sukienkę, jeśli ją narysowałeś/aś) wpisz cechy, których nie uzewnętrzniasz. Czy jest to złość? Smutek? Uczucie żalu? A ja? Po prostu zapisz kilka rzeczy. Te, które wydają ci się najsilniejsze.

A teraz popatrz na obrazek. Na razie nie musisz nic więcej robić, gdyż problemy są już zwizualizowane przez ciebie i już wiesz, który odcień Miłego przeważa w twojej świadomości. Jednocześnie należy pamiętać, że każdy z nas jest inny i różnie może reagować na pewne sytuacje czy relacje, kiedy czuje się na siłach, by asertywnie się komunikować.

RÓŻNE TYPY MIŁYCH

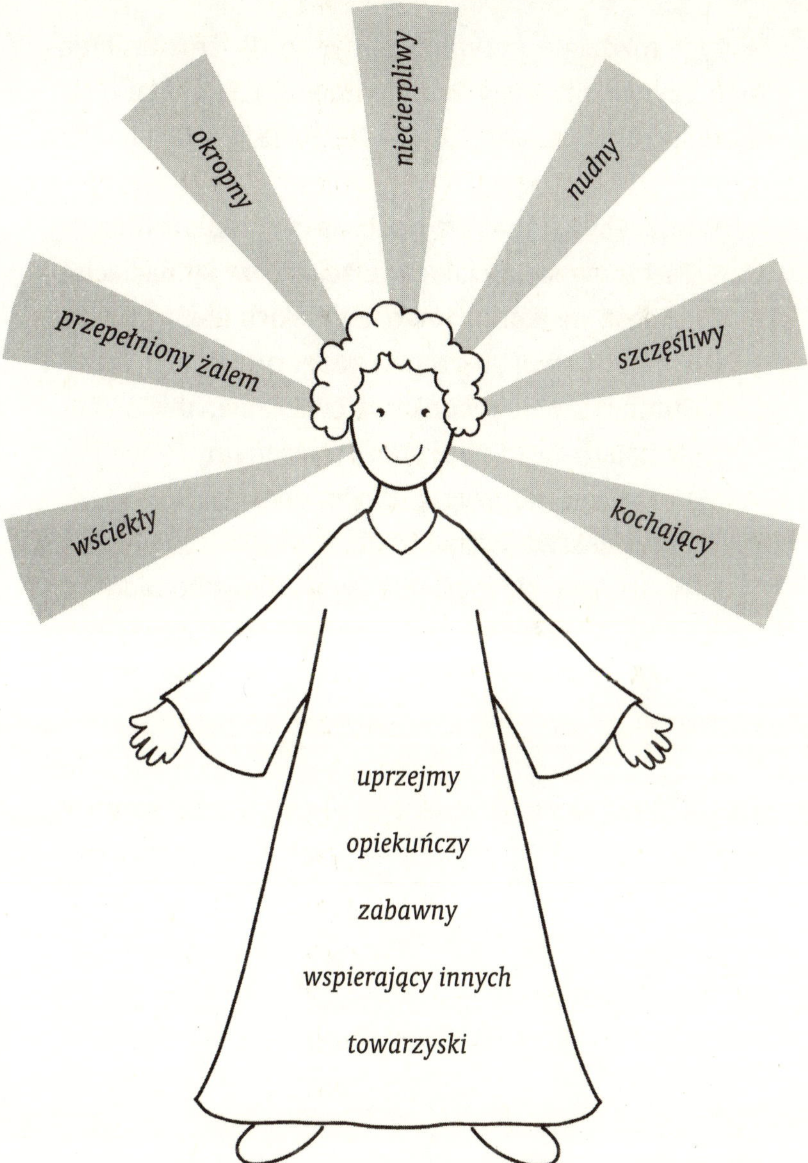

PODSUMOWANIE

W tym rozdziale przybliżaliśmy się do zrozumienia tego, czym dla nas jest Przekleństwo Bycia Miłym i jak, w związku z tym, wygląda nasze życie.

- Gdzie byś stanął/ęła podczas ćwiczenia z linią? Zastanów się, w jakich relacjach czy sytuacjach czujesz się komfortowo, a w jakich nie.
- Sprawdź swój „barometr rozgoryczenia".
- Spróbuj zrobić rysunkowe ćwiczenie, aby zwizualizować swój stan emocjonalny i zobaczyć, jak wygląda twój odcień Przekleństwa Bycia Miłym.
- Wystrzegaj się myślenia „wszystko albo nic".

ROZDZIAŁ CZWARTY

Wsłuchaj się w to, co mówi twoje ciało

Czytelniku, pomyśl o ostatnim rozdziale i ćwiczeniu z rysowaniem, które właśnie zrobiłeś lub próbowałeś zrobić. Co napisałeś wewnątrz postaci, jakie emocje tłumisz? (Częste odpowiedzi to: złość, rozgoryczenie, bycie niemiłym, brak zainteresowania, samolubność, strach, okrucieństwo, wściekłość...). Już wiesz, co skrywasz przed światem i od czego aż się w tobie gotuje.

Następnym wyzwaniem będzie *regularne* wsłuchiwanie się w swoje ciało, aby móc zacząć rozpoznawać, kiedy i jak te wymienione uczucia fizycznie się manifestują oraz jak to się przekłada na twoje myślenie i zachowanie. Kiedy mówię o tym moim pacjentom po raz pierwszy, nikt z początku nie wie, o co mi chodzi, ponieważ ta koncepcja wydaje się zbyt niejasna. Jednak ja uważam to za ważne i dlatego zaczęłam tę książkę od opowieści z mojego własnego życia, aby pokazać, że Przekleństwo Bycia Miłym jest częściowo powiązane z ignorowaniem przez nas komunikatów wysyłanych przez nasze ciało. Jeśli więc zaczniemy te komunikaty uwzględniać, pomoże nam to przełamać owo Przekleństwo. Początkowo nawet, słysząc sygnały wysyłane przez nasze ciało, zwykle je ignorujemy, ale potem to ignorowanie tak nam wchodzi w nawyk, że przestajemy je słyszeć.

W tym rozdziale pragnę uwrażliwić wszystkich na obserwację swojego ciała i wsłuchiwanie się w to, co ma nam ono do przekazania. Można powiedzieć: posłuchać swojej prawdy. Na tym etapie nie spodziewam się, że czytelnik podejmie próbę zmiany czegokolwiek, ale lektura kolejnych rozdziałów i otwartość na to, o czym tam mówię, pomoże w pełni przygotować się na zrobienie czegoś inaczej.

SPRAWDZANIE CIAŁA

Weźmy za przykład moją historię o złamanej ręce, od której zaczęłam książkę. Przez dziesięć dni, od chwili mojego feralnego upadku aż do prześwietlenia ręki, dostawałam mnóstwo komunikatów od własnego ciała. Po pierwsze, był to ból – ostry, jeśli zbyt mocno ruszyłam ręką, ale na ogół tępy i rwący. Czasem było mi niedobrze, ale nie wiedziałam dlaczego. Nie mogłam spać po nocach ani znaleźć pozycji, w której byłoby mi wygodnie. A jeśli podczas snu nieświadomie się przekręciłam, natychmiast budził mnie ból. Cierpiałam więc z powodu niewyspania i ciągłego poirytowania. Jednak zachowywałam się tak, jakbym nie słyszała tych wszystkich głośnych sygnałów wysyłanych przez moje ciało.

To, oczywiście, dość ekstremalny przypadek, ale wydaje mi się, że wszyscy bezustannie dostajemy ważne komunikaty od naszego ciała. Większość z nich ignorujemy i nawet ich nie słyszymy. Jest zupełnie tak jak ze źle nastrojonym radiem, kiedy trzaski uniemożliwiają usłyszenie czegokolwiek. Wielu moich pacjentów żyje nieświadomie; często są to ludzie o analitycznym umyśle, inteligentni i myślący, ale zupełnie odcięci od informacji przekazywanych przez ich własne ciało.

Czy w tym momencie oddychasz, czytelniku? Tak, wiem, naturalnie, że oddychasz. Poświęć jednak chwilę na to, by *przyjrzeć się* swojemu oddechowi. Czy siedzisz przy biurku i pracujesz na komputerze? Ostatnio czytałam, że wielu z nas podświadomie wstrzymuje oddech lub bardzo płytko oddycha, odpowiadając na e-maile. Czy podczas wdechu unosi ci się klatka, a podczas wydechu zapada ci się brzuch? Czy wstrzymujesz oddychanie? A teraz szybko zeskanuj w myślach całe ciało, zaczynając od palców stóp i dojdź do czubka głowy. Czujesz coś? Gdzie odczuwasz ciepło, chłód, zesztywnienie, ból? Jesteś głodny, spragniony, coś cię boli, potrzebujesz iść do toalety lub zaczerpnąć świeżego powietrza? Kiedy zaczniesz słuchać tych sygnałów, będzie to początek drogi do osiągnięcia zadowolenia i dobrego samopoczucia.

W rozdziale dziesiątym znajdują się ćwiczenia oddechowe, ale zadaniem na teraz jest wsłuchanie się w to, co ma nam do powiedzenia nasze ciało.

Jessica i potrzeba pójścia do toalety

Jessica, Miła koleżanka, która pragnęła być bardziej asertywna w pracy i w życiu osobistym (patrz s. 74), dobrze wiedziała, o czym mówię, opowiadając o potrzebie słuchania własnego ciała. „Czy chodzi o sytuację, kiedy jest się z grupą ludzi i potrzebuje się iść do toalety, ale nie chce się zwracać na siebie uwagi, wstawać i przeszkadzać w rozmowie?". „Dokładnie tak", przytaknęłam. „Czy często zdarza ci się tak zachowywać?". Wyglądała na zaskoczoną moim pytaniem, a następnie odparła zażenowana: „Myślę, że robię tak nieustannie, to dla mnie norma".

A teraz proszę o szczerość: ilu z was przytaknęło głową, wiedząc, o czym mówimy? Od rozmowy z Jessicą zadawałam to samo pytanie wielu ludziom i zaskakujące było to, ilu z nich ignoruje sygnały swojego ciała i potrzebę pójścia do toalety, będąc w towarzystwie. Przyznają oni czasem (a niektórzy dość często), że bagatelizują takie cielesne odczucia, jak pragnienie, głód, zmęczenie czy stres. Warto jednak zadać sobie pytanie: Czy ma to jakieś znaczenie?

Może część z was zetknęła się z pojęciem „słuchania ciała" w kontekście medycznym lub podczas ćwiczeń fizycznych. Często instruktorzy jogi czy fitnessu mówią, żeby wsłuchiwać się w siebie, nie przesadzać z ćwiczeniami, aby nie zrobić sobie krzywdy, nie zerwać mięśnia, czy ścięgna. Tymczasem wsłuchanie się w ciało może również pomóc zauważyć i rozpoznać drzemiące w nas emocje. Ludzie mają problem z rozpoznawaniem i nazywaniem emocji, zwykle nie uczymy się tego ani w szkole, ani w domu. Jednak są one umocowane w nas fizycznie i jeśli zaczniemy identyfikować sygnały ciała, to również nazywanie emocji przyjdzie nam łatwiej. To z kolei pomoże w zrozumieniu, co dane emocje *znaczą* i jak bardzo są powiązane z myślami i zachowaniem.

Jedną z prostszych do zidentyfikowania emocji jest niepokój. To reakcja lękowa na występujące niebezpieczeństwo, nawet jeśli pojawia się ono w postaci *myśli* (czy wspomnienia). Włączają się wówczas proste mechanizmy obronne (walka, ucieczka czy zamarcie w miejscu – fizjologiczne reakcje ciała na postrzegane zagrożenie). I tak właśnie Monika odkryła, jak uczucie niepokoju jest powiązane z jej myślami i zachowaniem.

Wczuj się i wsłuchaj w swoje ciało

Postaraj się wczuwać w swoje ciało kilka razy dziennie. Dobrym pomysłem będzie przyklejenie kolorowej karteczki do przedmiotów, z których często korzystasz: czajnika, komputera, lustra w łazience. Kiedy twój wzrok padnie na karteczkę, weź głęboki oddech i zwróć uwagę na swoje ciało. Czy czujesz w nim jakieś napięcie, ból ucisk? A może czujesz zimno, ciepło, suchość w ustach, swędzenie? To, co zauważysz i jak do tego dojdziesz, może mieć związek z odczuwanymi przez ciebie emocjami. Dzięki temu zyskasz wiele pomocnych informacji. Staniesz się bardziej świadomym człowiekiem, będziesz lepiej zdawać sobie sprawę z tego, co się dzieje z twoim ciałem, którego sygnały do tej pory prawdopodobnie ignorowałaś/eś.

Monika odczuwa strach

Monika, tysiącwatowa żarówka (patrz s. 37), musiała wyjechać służbowo na tygodniowy kurs. Przyjechała do pięknego domu na wsi i bardzo się tym cieszyła. Przez tydzień koniec z rutyną codziennego gotowania. Jak to będzie? Pierwszego wieczoru usiadła przy wielkim stole w jadalni, brała udział w rozmowach i cieszyła się pysznym domowym jedzeniem. Kiedy poczuła lekkie ukłucie, postanowiła na chwilę się wyłączyć i sprawdzić, co się z nią dzieje. Zauważyła, że serce jej wali jak szalone i odczuwa suchość w ustach. Zdała sobie również sprawę, że piła wodę szklankami, bezustannie dolewając jej sobie z dzbanka.

Tej nocy, leżąc już w łóżku, rozmyślała o swoim zachowaniu. W domu rzadko zdarzało jej się podczas kolacji pić wodę, a już na pewno nie pięć czy sześć szklanek. Nagle stanął jej przed oczami pewien obrazek:

siedzi przy rodzinnym stole, jedząc kolację, razem z mamą, tatą i bratem. Wciąż napełnia sobie szklankę wodą, aż w końcu tata zażartował, że powinien podłączyć do stołu wąż z hydrantu. Mama z kwaśną miną chodzi i napełnia dzbanek wodą, mimo protestów Moniki, że ta chętnie zrobi to sama. Atmosfera jest napięta. Jej mama często była zła na tatę. Czuła rozgoryczenie i żal, bo przecież tak bardzo opiekowała się całą rodziną, a on ciągle drwił z różnych jej starań, a w dodatku jego ulubiona córka wtórowała mu śmiechem, co jeszcze bardziej złościło mamę. Monika, znajdując się między nimi, miała zwyczaj ciągłego napełniania szklanki wodą – możliwe, że była to nerwowa reakcja, z czego później zdała sobie sprawę.

Nagle wszystko stało się jasne: siedzenie przy wspólnym stole między nieznanymi ludźmi podświadomie przywołało wspomnienie z dzieciństwa i napięcie odczuwane podczas kolacji rodzinnych. Czuła się tym podenerwowana, stąd ciągłe dolewanie wody, głośny śmiech z cudzych żartów i żywa gestykulacja – to wszystko robiła też w dzieciństwie (często coś wtedy potrącając i rozlewając, co dodatkowo pogarszało napiętą atmosferę).

Monika zdecydowała, że nie będzie przeprowadzać drastycznych zmian w zachowaniu, ale bardziej wczuje się w swoje ciało i będzie głębiej, wolniej oddychać, kiedy zauważy, że serce zaczyna jej szybciej bić. Zdała sobie sprawę, że podobnie reaguje, przebywając w większym gronie ludzi. Strach przed najmniejszym gestem dezaprobaty bądź odczuwane napięcie spowoduje włączenie tysiącwatowej żarówki i znowu pojawi się podenerwowanie, będzie nadaktywna, zanim się spostrzeże.

Fizyczne oznaki lęku to bliscy kuzyni uczucia strachu. Yoda z *Gwiezdnych wojen* nie bardzo się więc mylił, mówiąc, że strach zamienia się w złość.

Hamish odczuwa złość

Hamish, Miły facet (patrz s. 69), czuł rosnące rozgoryczenie na widok nieumytego garnka po owsiance, zostawianego na kuchennym blacie przez jego żonę. Długie miesiące nic nie mówił, tylko starannie mył garnek, co nie było łatwe, bo zaschnięta owsianka opierała się tarciu druciakiem. On sam, choć w środku aż się gotował ze złości, nie do końca zdawał sobie z tego sprawę. Ten gniew wychodził z niego przy innych okazjach, całkiem niespodziewanie. Kiedyś, na przykład, mężczyzna zupełnie nieadekwatnie zareagował na propozycję żony, aby obejrzeć w telewizji program *MasterChef*. „W ogóle nie rozumiem, co ty w tym widzisz, to przecież jakiś szajs", krzyczał ku jej zdumieniu. Z kolei w drodze do pracy obrzucał wyzwiskami innych kierowców. (Ciekawa rzecz, zaobserwowałam, że tak właśnie zachowują się osoby Miłe, które nieświadomie tłumią gniew, a wybuchają tam, gdzie czują się pewnie i anonimowo, dopóki ktoś nie próbuje wjechać przed ich samochód).

Każdego tygodnia namawiałam Hamisha, aby starał się obserwować, co dzieje się z jego ciałem w określonych sytuacjach. Często pytałam podczas sesji: „Czy czuje Pan coś w swoim ciele w danym momencie? Co wówczas działo się z Pana ciałem? Co to takiego, jakie to uczucie?". Było mu niezwykle trudno to stwierdzić, tak jak i wielu z nas, szczególnie jeśli zostaliśmy wychowani w przekonaniu, że niektóre (lub też wszystkie) silne emocje są złe, niepożądane. W efekcie tak nauczyliśmy się je tłumić, że w końcu nawet ich nie odczuwamy. Tymczasem one nie znikły, wciąż istnieją i kiedyś wyjdą z nas i zaczną szkodzić naszemu ciału w ten czy inny sposób.

Pewnego tygodnia Hamish przyszedł na sesję i oświadczył, że miał moment przebłysku. „Mieliśmy sprzeczkę z żoną", zaczął. „I poczułem przypływ adrenaliny". „To wspaniale", zauważyłam (moje wspaniale odnosiło się oczywiście do obserwacji a nie do sprzeczki). „Wspaniale, że udało się Panu to zaobserwować. Jak Pan odczuł ten przypływ adrenaliny? Co się wówczas działo?". „Czułem się roztrzęsiony, a kiedy spojrzałem na swoje dłonie, lekko drżały. Chciałem wówczas jak najszybciej wyjść z pokoju, zanim powiem coś, czego później bym żałował, ale żona bezustannie zasypywała mnie gradem pytań. Pomyślałem, że jak tylko otworzę usta, wszystko się skończy. Nie będzie już odwrotu. Moja żona, wyprowadzona z równowagi, płakała i krzyczała, że jestem zimnym draniem, a na twarzy mam maskę".

Kiedy Hamish zaczął bardziej wczuwać się w to, co działo się z jego ciałem, zainteresował się też tym, jak te odczucia się zmieniały, nasilały bądź słabły, w zależności od jego myśli. Jeżeli ostro ganił się w myślach słowami: „Jesteś zły i okrutny, nie masz serca. Maria to odkryje i w końcu cię zostawi", stres stawał się nie do zniesienia i czuł, że cały aż zastyga w bezruchu z przerażenia (zupełnie jak królik zaskoczony w trawie). Taka reakcja jeszcze bardziej potęgowała gniew Marii, gdyż czuła, że mąż emocjonalnie się wycofuje. Tymczasem, kiedy udało mu się spokojnie przedstawić własne potrzeby i w końcu powiedzieć żonie, że boi się upodobnić do swojego ojca, ona potrafiła go wówczas zrozumieć i uspokoić. To podzielenie się emocjami bardzo zbliżyło ich do siebie.

Więcej o efektach dotyczących naszych myśli (szczególnie krytycznego wewnętrznego dialogu), emocji i zachowań opowiem w następnym rozdziale.

NOTATKI NA TEMAT ZŁOŚCI

Pewien przyjaciel, kiedy dowiedział się, że piszę tę książkę, wysłał mi taki oto e-mail: „Czy możesz napisać o strachu i o tym, jak nas samych przeraża to, co czujemy... Mnie przeraża skala własnego gniewu i efekt, jaki on wywiera na innych ludzi... Niezmiennie każdy wybuch gniewu prowadzi do szokującej konstatacji, że jestem zdolny do tak niekontrolowanego zachowania. I w końcu do refleksji, że jestem do szpiku kości zły".

Tak jak już wcześniej wspominałam, klasyczny wzór takiego zachowania polega na tłumieniu wszelkich emocji gniewu ze strachu, że popadniemy w konflikt z innymi. Jednak, co oczywiste i nieuniknione, te emocje w końcu znajdą ujście i to w niekontrolowany sposób, szokujący i dla nas samych, i dla naszego otoczenia. Emocjonalny „barometr rozgoryczenia", który Amanda stworzyła na potrzeby własne, swojego partnera i jego syna (patrz s. 68), może przydać się wszystkim. Pozwala on rozpoznać swoje uczucia, zanim dojdzie do wybuchu złości (na przykład: rozdrażnienie, rozczarowanie, zranienie), oraz zastanowić się, co możemy zrobić, aby nie dopuścić do skumulowania się tych emocji i w efekcie do opisanego powyżej wybuchu.

Miły może przeżywać wielką traumę po jakże rzadko przydarzającej się mu eksplozji złości. Stara się więc unikać podobnych sytuacji jak ognia, ukrywając przed sobą samym i przed innymi wszelkie złe emocje (jak to było w przypadku Hamisha), a w konsekwencji nie uczy się też, jak postępować w trudnych sytuacjach, rozmowach i kontaktach z trudnymi osobami. Tymczasem, aby poradzić sobie w podobnych sytuacjach, trzeba praktykować różne strategie i wybrać taką, która okaże się skuteczna i sprawi, że nasze najgorsze myśli po prostu się nie sprawdzą (patrz rozdziały siódmy i ósmy, dotyczące konkretnych umiejętności i eksperymentów behawioralnych).

Jedna z moich pacjentek przytoczyła niezwykle obrazową metaforę dotyczącą jej złości, opisując ją jako bulgoczący mus jabłkowy pod pierzynką pysznej chrupiącej kruszonki. Kobieta kontrolowała temperaturę musu, by nie zalał kruszonki i nie zepsuł całego deseru. Podejmowała wówczas zdecydowane kroki: co pewien czas wyjmując deser z piekarnika (odsuwała się od źródła gorąca, złości), mówiła coś spokojnym tonem do osoby wywołującej ową złość.

CZEGO NIE MÓWIMY?

Następnym zadaniem dla Hamisha było zwrócenie uwagi na to, czego *nie* mówił swojej żonie czy kolegom w pracy, którzy go denerwowali. Takie „wyrzucanie z siebie", jak to nazywam, jest bardzo pomocne, kiedy chcemy przypatrzeć się własnym myślom, szczególnie tym dotyczącym starych zasad i przekonań, które nakręcają nasze emocjonalne reakcje i zachowanie.

Sprawdź, czy uda ci się zaobserwować, czego *nie* mówisz ludziom. Możesz zwyczajnie śledzić swój wewnętrzny monolog, a następnie spisać go w zeszycie przed pójściem spać. Jak się wydaje, pisanie pomaga w lepszej obserwacji, ale jeśli w czyimś przypadku tak nie jest, należy pracować tak, aby każdemu było wygodnie. Poniżej przytaczam kilka przykładów obserwacji poczynionych przez pacjentów i monitorowania przez nich tego, co „wyrzucili z siebie".

Ella pokazuje swoje prawdziwe ja

Z uwagi na traumatyczne przeżycia Elli z powodu jej wykluczenia, odrzucenia i wyśmiewania w okresie, kiedy była nastolatką (patrz s. 49), przyjaźń miała dla niej kluczowe znaczenie w późniejszym życiu. Dokładała więc nadludzkich wysiłków, aby skupić wokół siebie szeroki krąg znajomych, a jednocześnie miała paranoiczne myśli, że wszyscy obgadują ją za plecami i wykluczają ze spotkań. „Nie jestem niczyją przyjaciółką", wzdychała. „Kiedy znajomi biorą ślub lub chrzczą dziecko, nigdy nie proszą mnie, żebym została druhną czy matką chrzestną. W ich wyborach zawsze jestem na końcu…”.

Pewnego dnia poprosiłam Ellę, by przez tydzień spróbowała monitorować swoje myśli, ale nie zaznaczając, co myśli w obecności swoich znajomych. Rezultaty okazały się odkrywcze. Ella zdała sobie sprawę, że robiła wszystko, żeby upodobnić się do swojego rozmówcy. Jeśli ktoś mówił, jak bardzo podoba mu się jakiś film, Ella przytakiwała głową, sugerując, że i jej on się podoba, choć było zupełnie odwrotnie. Kiedy koleżanka narzekała na brak pieniędzy, a marzyła o tym, żeby pójść do spa, Ella współczuła jej, nie wspominając o swojej wizycie w spa w ostatni weekend. Uświadomiła sobie wtedy, że ma przy sobie torbę z nazwą spa, i zastanawiała się nawet, jak ją ukryć albo jaką historię wymyślić, żeby to wytłumaczyć. „Pomyślałam sobie wówczas, że gdyby ta torba była papierowa, to bym ją wsadziła do ust i połknęła, by zniszczyć dowód!”.

Monitorowanie własnych myśli pozwoliło Elli dostrzec, jak bardzo dawne przekonania wpływały na kontrolę jej zachowania. Dopóki poddawała swoje myśli ciągłej kontroli, dopóty – według niej – pasowała do wyluzowanego towarzystwa, chodzącego na imprezy, prowadzącego bujne życie damsko-męskie. Tylko że teraz ludzie z tego towarzystwa byli już koło trzydziestki i dawna strategia przestała się sprawdzać. I dlatego mimo swoich wszystkich starań Ella miała wrażenie izolacji, nie odczuwała z nikim głębokiej więzi, a wszystko brało się stąd, że ona nigdy nie odważyła się na pokazanie swojego prawdziwego ja, na wyrażenie swoich myśli i uczuć. Spotkamy się jeszcze z Ellą w rozdziale ósmym, by zobaczyć, jak stopniowo wprowadzała zmiany w swoim życiu.

Nie przepadam za słowem „zmowa", gdyż czuję w nim odcień pejoratywny i oceniający, a jak można się zorientować, staram się unikać języka oceniającego. Jednak naprawdę nie przychodzi mi do głowy inne słowo, by lepiej opisać sytuację, kiedy nie zdobywamy się na odwagę, by wyrazić to, że mamy inne zdanie niż nasz rozmówca. Wynika to z obawy przed konfliktem: po co ryzykować, że ktoś się zdenerwuje, zezłości, kiedy można zignorować własne sądy i pozostać w zgodzie z rozmówcą? Jednak takie zachowanie pociąga za sobą określone koszty dla nas samych. Znowu nie mamy śmiałości, by pokazać, kim naprawdę jesteśmy, jakie są nasze wartości, przekonania, gusty i opinie, tak więc nasz rozmówca nigdy nie wie, kim tak naprawdę jesteśmy. Nasze relacje na tym cierpią, bo nie ma w nich autentyczności. Cierpi też nasze własne ja, ponieważ nie dowierzamy, że ktoś nas lubi takimi, jacy jesteśmy, i bardzo możliwe, że nas lubi wyłącznie z tego powodu, że się z nim zgadzamy.

Nie twierdzę, że natychmiast powinniśmy zacząć mówić prawdę, całą prawdę i tylko prawdę. Nie pozwólcie mi, abym wprowadziła tu jakiś nowy „przymus" do listy wyzwań perfekcjonisty (patrz rozdział piąty). Ja jedynie staram się zachęcić was do *uzmysłowienia* sobie, co tak naprawdę myślicie, zanim podejmiecie jakiekolwiek kroki, by przekazać swoje sądy i spostrzeżenia. Wrócimy do tego jeszcze później, a teraz posłużę się przykładem Kirsty, Miłej mamy (patrz s. 62).

Kirsty pokazuje swoje prawdziwe uczucia

Pewnego dnia mama Kirsty przyszła do niej na herbatę i po stwierdzeniu, że dom córki nie wygląda najczyściej, Max nie został odpowiednio nauczony załatwiania się do nocnika, herbata jest z torebki, a nie liściasta, gładko przeszła do niemiłej tyrady na temat swojej synowej, Angeli. W głowie Kirsty toczył się wtedy monolog brzmiący mniej więcej tak: „O matko, jaka z ciebie okropna, stara kobieta. Jesteś tak zazdrosna o Angelę, bo poślubiła twojego ukochanego synka, a ty nie taką żonę byś dla niego wybrała. A właśnie Angela jest czymś najlepszym, co mu się w życiu zdarzyło. A ja już mam dość słuchania, jak ją oczerniasz". Tymczasem, w rzeczywistości Kirsty uśmiechała się półgębkiem, nasłuchując podłych komentarzy mamy, niemal bezgłośnie protestowała przeciw najgorszym rzucanym przez nią epitetom. (Ależ, mamo, myślę, że ona chce jak najlepiej dla swoich dzieci). Starała się też przedstawić inny punkt widzenia, ale bez przekonania w głosie. Ponadto jej język ciała był równie nieprzekonujący.

W żadnym razie nie krytykuję Kirsty. Tkwiące w niej dziecko (jej wewnętrzne dziecko) bardzo się uruchamiało w obecności matki, wiec wyrażenie choć ułamka własnych myśli było z jej strony dużą odwagą i pokonaniem strachu (przyjrzymy się temu w rozdziale ósmym). A to, że pamiętała swój wewnętrzny krytyczny monolog, było świetnym pierwszym krokiem na drodze do zmiany zachowania, gdyż uświadomienie sobie problemu prowadzi właśnie do zmian, które dokonują się w swoim czasie.

Amanda otwarcie mówi o swoich pragnieniach

W rozdziale trzecim poznaliśmy Amandę, Miłą partnerkę. Starała się wsłuchać w swoje ciało, które reagowało poprzez problemy z żołądkiem, co, jak sobie później zdała sprawę, było połączone z tłumieniem przez nią złości. „Przełykała" wtedy rozżalenie, które później paliło ją w gardle i żołądku. Zaczęła obserwować swój wewnętrzny „barometr rozgoryczenia". Jednocześnie obserwowała własne ciało, kiedy zgadzała się na coś, na co wcale nie miała ochoty. Proponowała na przykład, że coś ugotuje lub poprasuje, albo wieczorem sterczała dwie godziny przy telefonie, choć wolałaby wygodnie położyć się w łóżku z kubkiem gorącej czekolady i pooglądać telewizję.

Poprosiłam Amandę, żeby starała się później zanotować, jakie myśli i słowa pojawiały się wówczas w jej głowie. Chodziło oczywiście o te, których nie wypowiadała. Wkrótce miała już całe mnóstwo przykładów na to, jakie uczucia tłumiła w sobie. Oto kilka niewypowiedzianych uwag do nastoletniego syna jej partnera: „Odwieszaj, proszę, mokre ręczniki do tej przewiewnej szafki", „Nie mam ochoty robić dzisiaj za służącą", „Chciałabym choć trochę czasu spędzić z twoim tatą", „Nie podoba mi się sposób, w jaki rozmawiasz z dziewczętami, jest obraźliwy. Proszę, nie zachowuj się tak w mojej obecności". A oto, czego nie powiedziała swojemu partnerowi: „Czy mogę oddzwonić do ciebie, kiedy skończy się mój ulubiony serial?", „W ten weekend chciałabym mieć trochę czasu dla siebie, przyjadę do ciebie w następny". „Nie chcę, żebyś mnie pukał w ramię o jedenastej wieczorem, upominając się o seks; kobieta potrzebuje gry wstępnej i uwodzenia".

W zaciszu mojego gabinetu pacjenci często werbalizują to, co chcieliby powiedzieć swoim partnerom. Z najsłodszych ust potrafi wtedy wyjść prawdziwy jad. „Może zastanówmy się, jak można przekazać te informacje w lepiej przyswajalnej dla partnera formie?", pytam. To pytanie często spotyka się ze wstrzymaniem oddechu i przeczącym ruchem głowy. „O rany, nigdy bym jemu/jej tego nie powiedział/a". „Ale dlaczego nie? Czego się obawiasz?", dopytuję. Zwykle wyglądają wówczas na potwornie przestraszonych. „Tego, że natychmiast by wyszli" (albo coś o podobnym wydźwięku). Wygląda na to, że strach przed utratą miłości partnerki/partnera sprawia, że moi rozmówcy milkną. Milkną, choć jednocześnie kipią ze złości, rozgoryczenia, co, jak zawsze mówię, wychodzi z nich niczym trujący gaz. I co w jakimś stopniu zostanie z pewnością zauważone przez ich partnerów.

W rozdziałach ósmym i dziewiątym dowiemy się, jak odważnie i bezpiecznie wypowiedzieć to, co do tej pory było dla nas nie do wypowiedzenia. A tutaj zastanowimy się, dlaczego tłumimy słowa, które naprawdę chcielibyśmy wypowiedzieć. Sprawa jest złożona, a powodów wiele, ale najczęściej można je sprowadzić do dwóch głównych, zidentyfikowanych już w rozdziale drugim: unikanie gniewu i szukanie akceptacji. W przypadku Kirsty chodziło o jedno i drugie: chciała uniknąć dezaprobaty i niezadowolenia matki, starając się zarazem o jej aprobatę oraz chcąc być uprzejma. Z kolei Amanda robiła wszystko, co wydawało jej się niezbędne, by zyskać/zdobyć miłość i aprobatę swojego partnera. Jednak czasem spotykamy w życiu ludzi, którzy dają nam do zrozumienia, że nie mamy prawa czuć i wyrażać naszych emocji, szczególnie jeśli są one negatywne.

PRZETARG NA NIESZCZĘŚCIA

Jedna z moich pierwszych pacjentek, Adrianna, ukuła fantastyczne sformułowanie: „przetarg na nieszczęścia". Zrobiła to w hołdzie Antoniemu Czechowowi, który przedstawił mnóstwo ludzkich nieszczęść w genialnych, choć smutnych opisach rosyjskiego życia w drugiej połowie dziewiętnastego stulecia.

Kiedy po raz pierwszy spotkałam się z Adrianną, była w niezwykle trudnym momencie życia. Dwoiła się i troiła, aby jako samotna matka przeżyć w obcym dla niej kraju, bez żadnej pomocy ze strony własnej rodziny czy ojca swego dziecka. W dodatku, jej najlepsza przyjaciółka z dzieciństwa ciągle potrzebowała wsparcia, zarówno emocjonalnego, jak i finansowego, a sama nie była nawet w stanie wysłuchać Adrianny w chwilach jej gorszego samopoczucia czy załamania, co niesamowicie bolało moją pacjentkę. Kiedy, tonąc we łzach, zdawała mi relacje z ich rozmów, wydawało mi się, że owa przyjaciółka chciała „przebić" problemy Adrianny swoimi. „No tak, ale ty przynajmniej masz matkę, a moja zmarła", albo „Ty chociaż masz dziecko, a ja nigdy nie spotkam nikogo, z kim mogłabym mieć dziecko".

Tym, którzy nie cierpią na syndrom bycia Miłym, taka relacja pewnie nie mieści się w głowie: dlaczego, do licha, mielibyśmy poświęcać nasz czas takiej osobie? Z przekonaniem poradziliby nam pozbyć się takiego przyjaciela i znaleźć nowego. Nie jest to jednak takie proste. Mili są w pewnym stopniu *przekonani*, że ich przyjaciel, który wygrywa przetarg na nieszczęścia, jest w gorszej sytuacji niż on. Dlatego właśnie czują się winni takiego stanu rzeczy i starają się wynagrodzić to im jednostronną przyjaźnią, polegającą na okazywaniu współczucia, wysłuchiwaniu i wspieraniu. Często też podświadomie starają się zapewnić lepsze życie owemu przyjacielowi.

Jeśli wróci się myślami do okresu dzieciństwa, okaże się, że tą opisaną relacją rządzą ówczesne wzorce i przekonania przeniesione w dorosłe życie. Przekonanie może być też inne, na przykład takie: jeśli sprawię, że ta osoba będzie szczęśliwsza, wtedy będzie dla mnie milsza.

Powiedziałam wówczas Adriannie, że nie istnieje coś takiego, jak hierarchia emocjonalnego bólu, i to jej pomogło. Ci, co chcą dobrze, będą się starali pocieszać ciebie, przypominając o wszystkich pozytywnych rzeczach w twoim życiu („przynajmniej masz pracę/udane małżeństwo/obie nogi...”), głodujących dzieciach w Afryce, ofiarach ostatniej klęski żywiołowej gdzieś na świecie, dając ci do zrozumienia, że i tak znajdujesz się w dobrej sytuacji. Jednak takie podejście tylko pogłębia twoje przekonanie, że nie masz prawa czuć się nieszczęśliwym/ą i jednocześnie plasuje cię na najniższej pozycji w rzekomej hierarchii cierpienia. Dla Miłego wpisuje się to w jego głębokie, wyniesione często z dzieciństwa przekonanie, że mało znaczy, i w efekcie łatwo akceptuje, że jego ból ma mniejszą wartość i mniej się liczy niż ból innych ludzi. Dla Adrianny ta koncepcja była wyzwalająca, co pozwoliło jej oprzeć się manipulacjom przyjaciółki (a także przekonać ojca dziecka, by wspierał ją i dziecko finansowo).

Wspólnie uaktualniłyśmy trochę jej metaforę: Adrianna przestała uczestniczyć w przetargu na nieszczęścia, wycofała z niego swój wkład i postanowiła pracować nad nim sama. Jednocześnie opuściło ją poczucie winy za los przyjaciółki.

CZY TŁUMISZ UCZUCIA, A POTEM TO ODCHOROWUJESZ?

Proces ten wygląda tak: mówimy danej osobie, co o niej myślimy. Sekundę później już mamy poczucie winy, jesteśmy na siebie źli, głupio nam, że coś takiego w ogóle przyszło nam do głowy. Następnie staramy się zrekompensować takie zachowanie, proponując tej osobie coś w stylu Miłych, nawet coś, czego właściwie nie chcemy zrobić („Zjedzmy razem kolację!", „Może wpadniesz do mnie?", „Jak mogę ci w tym pomóc?") albo też mówiąc coś pocieszającego, choć trochę nieszczerze („Biedactwo, to straszne, co mówisz" czy „Jak oni mogli ci to zrobić?").

Rebecca, której historię przedstawiam później (patrz s. 289), wymyśliła niezwykle obrazową metaforę dotyczącą tego, jak się czuła w takiej sytuacji. „Czuję się tak, jak przy wymiotowaniu!", tłumaczyła. „Słowa wychodzą mi z ust, jakbym wcale nie miała nad nimi kontroli. Zbyt późno orientuję się, że nie powinnam była czegoś powiedzieć. Zanim jeszcze zdążę się dobrze zastanowić, czy w ogóle chcę to zrobić, już mówię, już składam jakieś propozycje. Często nawet niemal od razu wiem, że wcale tego nie chcę, ale jest już za późno, żeby to zmienić".

Sądzę, że wielu z nas identyfikuje się z metaforą Rebeki. Pomaga ona wnieść w nasze życie oczyszczenie zamiast wstydu i pozwala zerwać z niedobrym nawykiem, którego chcemy się pozbyć. Jednak cóż możemy zrobić, by nasze usta nie żyły własnym życiem. Potrzebujemy przerwy, chwili zastanowienia, przestrzeni, które umożliwią nam przejście do racjonalnego myślenia. Jednym z najlepszych sposobów będzie skupienie uwagi na oddechu, jak pisałam na stronie 85, lub wykonanie ćwiczenia oddechowego ze strony 264. To pozwoli lepiej zastanowić się, zanim coś komuś zaoferujemy. Oto, co mogłaby na przykład powiedzieć sobie Rebecca: „Nie zabieraj ze sobą współlokatora do parku". „Chcę być sama", ale jak tylko to powie, już żałuje, że to zrobiła...

PODSUMOWANIE

Teraz widzimy, jak dzięki regularnemu wsłuchiwaniu się w swoje ciało możemy zacząć rozróżniać wszelkie fizyczne objawy naszych uczuć i jak to może wpływać na nasze myślenie i postępowanie.

- Zacznij brać pod uwagę to, co mówi twoje ciało.
- Sprawdzaj, co się dzieje z twoim ciałem, korzystając z ćwiczenia ze strony 86.
- Zaobserwuj, jakie uczucia tłumisz. Kiedy zaczniesz już rozróżniać, czego *nie* chcesz (zrobić bądź powiedzieć), czy wówczas będziesz mógł/mogła określać to, co byś *chciał/ła* powiedzieć?

ROZDZIAŁ PIĄTY

Rozpoznaj swoje dawne przekonania i wzorce zachowań

Jakie przekonania i zasady stoją za takim, a nie innym twoim zachowaniem, z którym identyfikujesz się, a które rozpoznałeś/aś w opisach przytoczonych w ostatnim rozdziale? Dlaczego tłumimy i ignorujemy fizyczne symptomy, wysyłane przez nasze ciało, a także odczucia i uczucia, które, od teraz już wiemy, istnieją? Jakie przesłanki kierują nami, żeby ich nie słuchać, pomijać je? Może mają tu znaczenie informacje o nas samych, nasze wewnętrzne imperatywy? Na przykład: „Zawsze muszę być grzeczny" czy „Zawsze trzeba podporządkować się innym", czy może „Nie wolno mi być zarzewiem konfliktu". Z czego wynika i na czym polega ów strach, który stoi za każdą z tych myśli i za takim, a nie innym postępowaniem?

WYOBRAŹ SOBIE, ŻE UCZESTNICZYSZ W PRACACH ARCHEOLOGICZNYCH

Wyobraź sobie, że jesteś archeologiem biorącym udział w ważnych pracach wykopaliskowych. Możesz też sobie wyobrazić, że grasz w jednym z tych starych filmów, w których bohaterowie biegają w poszukiwaniu ukrytego skarbu, ubrani w bryczesy khaki i hełmy. Chciałabym, byś szczególnie pomyślał/ała o odnalezieniu cennych przedmiotów o wartości historycznej rzucających światło na ówczesne społeczeństwo i jego dziedzictwo, które przetrwało do naszych czasów. Na początku należy się przekopać przez wiele warstw ziemi, odgarniając je specjalną łopatką. Po natknięciu się na coś, co może być ważne, miękkim pędzelkiem delikatnie usuwa się brud i kurz, pokrywający cenny przedmiot. A w końcu wyjmuje się go na światło dzienne i przekazuje teraźniejszości. Dopiero wtedy zaczyna się proces analizowania go i oceniania.

Jednak, jak wiemy z filmów o Indianie Jonesie, po drodze do sukcesu jest wiele przeszkód do pokonania, zanim bohater zdobędzie ów cenny przedmiot. Najczęściej na przeszkodzie stają złoczyńcy, czarne charaktery, które na wszelkie możliwe sposoby odwodzą Indianę od celu. Są oczywiście wyposażeni w cały arsenał broni i nie znają litości, atakując naszego bohatera ze wszystkich stron.

Krytyczne myśli – podstępni strażnicy dawnego porządku myślenia

Naszymi wewnętrznymi odpowiednikami filmowych czarnych charakterów są krytyczne myśli, które bezustannie krążą nam po głowie. Ten wewnętrzny krytyczny dialog to właśnie podstępny strażnik naszego dawnego porządku myślenia, pilnujący, byśmy nie dokopali się do zalegających gdzieś głęboko w nas uczuć. Jeśli podejmujemy próbę zakwestionowania starej zasady lub przekonania dotyczącego tego, kim jesteśmy, czy też jak powinniśmy się zachowywać, wówczas ci uzbrojeni złoczyńcy wymierzą w nas swoje łuki i miotacze ognia, grożąc ich użyciem, i jeśli się nie opamiętamy, wrócimy na stare miejsce. Czujemy, że przerasta nas przeciwstawienie się im, ale, tak jak Indiana Jones, my również możemy znaleźć niekonwencjonalne sposoby obrony i walki, aby stawić czoło naszym wewnętrznym wrogom.

Czyj głos do ciebie przemawia?

Nasze krytyczne myśli są nam tak dobrze znane, że nawet przez chwilę nie zastanawiamy się, czyje one tak naprawdę są. To może się wydać dziwne, ponieważ myślimy, że są one częścią nas samych, jednak gdy tylko dobrze się w nie wsłuchamy, to istnieje duże prawdopodobieństwo, że wychwycimy w nich ton, sformułowanie, których sami nie używamy. A dzieje się tak dlatego, że przeważnie pochodzą one od ważnych dla nas osób z naszej przeszłości. I mimo że czujemy je wyraźnie w swoim obecnym życiu, to wdrukowały się w nasz mózg już w czasach dzieciństwa czy młodości i to wówczas miały na nas największy wpływ. Spytajmy więc, kto to mówił: „Ale ty jesteś głupi/a, nigdy nie zrobisz tego jak należy!" lub „Ależ jesteś samolubny/a, no pomóż komuś!", albo „Jesteś beznadziejny/a – nigdy nie uda ci się znaleźć dziewczyny/chłopaka/nie dostaniesz awansu/nie zdobędziesz szczęścia!". (Umyślnie zastosowałam wykrzykniki, ponieważ mam wrażenie, że te głosy są często tak przeszywające jak głos nauczyciela przekrzykującego klasę, by zostać usłyszanym).

Spisanie wewnętrznych krytycznych myśli, a następnie przeczytanie ich w wolnej chwili oraz zastanowienie się, od kogo mogą one pochodzić, naprawdę pomaga. Jedna z moich pacjentek zdała sobie sprawę, że słyszy w nich węgierski akcent swojej krytycznej babki; inna rozpoznała głos trenerki łyżwiarstwa figurowego, z którą bardzo długo współpracowała. Oczywiście, wiele z tych głosów należy do rodziców. Jeśli karcisz się w myśli, że jesteś „niegrzeczną dziewczynką" (lub chłopcem), są duże szanse, że to sformułowanie pochodzi jeszcze z dzieciństwa. Tymczasem, jeśli twój krytyczny głos oskarża cię, że jesteś „beznadziejny/a", to pewnie pochodzi on z czasów wczesnej młodości albo od rodzeństwa. Ten proces identyfikacji rzeczywiście pomaga rozpocząć walkę z wewnętrznymi tyradami. Kiedy już uświadomisz sobie, że niszczący cię wewnętrzny głos tak naprawdę należy do twojej babci, trenerki czy szkolnej koleżanki, wówczas łatwiej ci będzie rozprawić się z nim tu i teraz, a następnie przetworzyć dzięki racjonalnemu rozumowaniu dorosłego człowieka.

Krytyczny chór Kirsty

Kirsty, Miła mama, którą poznaliśmy w rozdziale trzecim, zmagała się z brakiem wiary w siebie i niską samooceną po trzyletnim okresie bycia pełnoetatową matką. Podczas terapii zdecydowała się szkolić na masażystkę. Trudno to było pogodzić w czasie z opieką nad dzieckiem i wszelkimi innymi zobowiązaniami, ale udało jej się skończyć kurs, odbyć praktyki i otrzymać dyplom.

Pewnego razu Kirsty przyszła na nasze spotkanie zupełnie zbita z tropu i roztrzęsiona. Powiedziała mi, że w przeddzień stało się coś strasznego, w związku z czym podjęła decyzję o rezygnacji z pracy w nowym zawodzie. „Co się stało?", zapytałam, obawiając się usłyszeć coś naprawdę strasznego. „Stałam w kolejce w banku, żeby wpłacić pieniądze zarobione przez trzy pierwsze tygodnie pracy. Było to tylko dwieście funtów, ale miałam wrażenie, że każdy pens zarobiłam w pocie czoła". Po tym wstępie Kirsty opowiedziała mi, że jak w końcu przyszła jej kolej, nie mogła znaleźć tych banknotów. Nerwowo przeszukała wszystkie kieszenie, torebkę, a nawet sekretny schowek w notesie, jednak na nic to się zdało. Pieniędzy nie znalazła. Jednak kiedy ich szukała, w głowie włączyła jej się kakofonia głosów, „jakiś cholerny, piekielny chór", wyjaśniała. „A co śpiewał?", zapytałam. „Ależ ty jesteś głupia! Kim ty jesteś? No, oczywiście, wiedziałem, że i tym razem ci się nie uda, zresztą jak zawsze. Jesteś beznadziejna. Ha, ha, ha, ha!".

Kirsty aż zapadła się w fotelu na samo wspomnienie tej sceny. „Te głosy były tak dojmujące, bezwzględne i przeraźliwe, naśmiewały się ze mnie", mówiła rozdygotana, a następnie zamilkła. „Wydaje się, że jeszcze o nich nie zapomniałaś. Co mogłoby sprawić, żebyś już o nich nie pamiętała? Czy jest jakiś inny, miły głos, który pomógłby ci się z nimi zmierzyć?", zapytałam. Kirsty zastanawiała się chwilę i na jej ustach pojawił się cień uśmiechu. „Moja niedawno zmarła babcia była zawsze dla mnie wielkim oparciem. Zawsze we mnie wierzyła, jako jedyna", rozpłakała się. „A co ona mogłaby powiedzieć tym głosom?", łagodnie dopytywałam. Nastąpiła dość długa przerwa, zanim moja pacjentka głośno, z charakterystycznym północnym akcentem odpowiedziała: „Odczepcie się, zostawcie ją w spokoju, wstrętne łajzy, zabierzcie się za kogoś wam równego, a nie słabszego!", zaśmiała się Kirsty. „Moja babcia nigdy się z nikim i niczym nie patyczkowała. Mówiła, jak jest, i nie zważała na żadne konwenanse, ale zawsze za mną stała".

Tego dnia Kirsty wyszła ode mnie z postanowieniem, że jeśli kiedykolwiek jeszcze pojawią się w jej głowie krytyczne myśli, przywoła głos swojej babci. Następnego tygodnia wróciła z jeszcze lepszym planem: „Noszę jej złotą obrączkę na łańcuszku na szyi. Dotykam jej, żeby poczuć wsparcie i obecność babci, przypomnieć sobie o jej miłości, wsparciu i ciętym języku!".

JAK OSŁABIĆ WEWNĘTRZNE KRYTYCZNE GŁOSY

W miarę rozwoju różnych terapii zaczęto łączyć oryginalne koncepcje terapii poznawczo-behawioralnej

(CBT) z innymi podejściami i w końcu powstał nurt tak zwanej trzeciej fali. W wielu podejściach tej terapii korzysta się ze starych mądrości i dobrodziejstw medytacji znanej w buddyzmie, często nazywanej „mindfulness" (praktyka uważnej obecności). Jeden z tych modeli nosi nazwę terapii akceptacji i zaangażowania (ACT). Więcej można się o niej dowiedzieć, czytając wspaniałą, przystępnie napisaną książkę australijskiego lekarza rodzinnego Russa Harrisa, zatytułowaną: *Pułapka szczęścia*. Autor opisuje w niej wiele sposobów odcinania się od krytycznych głosów, ich obserwacji, a nawet wyśmiewania oraz dialogu z nimi. Proponuje zaśpiewać je do jakże znanej melodii urodzinowego *Happy Birthday*, parodiować, czy też wyobrażać sobie, że słyszy się je w radiu, które w każdej chwili można wyłączyć.

Jedna z moich pacjentek, cierpiąca na napady wilczego apetytu, używała tej metody w momentach, kiedy czuła szalony głód. „Taki napad zawsze przynosi mnóstwo negatywnych, automatycznych myśli, że jestem brzydka, słaba i gruba. Nie znoszę ich, ale z czasem zaczęłam je sobie powtarzać, naśladując głos bohatera serialu *Simpsonowie*. To mi pomaga, a nawet rozśmiesza, i wtedy mogę te myśli odpędzić od siebie, zignorować je albo powalczyć z nimi, w zależności od tego, jak często się pojawiają".

Inne metody terapii akceptacji i zaangażowania polegają na rozpoznaniu myśli – przykładowo wygląda to tak: „Czuję/widzę, że prześladuje mnie jakaś myśl…”, więc starasz się od niej odseparować, uwolnić, zdać sobie sprawę, że ta myśl nie jest obiektywną *prawdą*, a ty jesteś zupełnie osobną jednostką. Ona cię nie dotyczy, jest obok. Można też przywitać się z nią jak z dobrym przyjacielem: „O, cześć, to znowu ty?”, a nawet podziękować jej za przypomnienie, że jesteś beznadziejny/a, gruby/a, głupi/a (można tu podstawić własne wersje). Kolejny pomysł to „nazwanie tej historii”, na przykład: „O, znowu ta sama historia z cyklu «nic mi się nie udaje»”.

Były angielski gracz rugby, Brian Moore, powiedział kiedyś w jednym z wywiadów, że przez całe życie cierpiał z powodu natrętnych krytycznych głosów, które nie pozwalały mu cieszyć się sportowymi zwycięstwami i ciągle powtarzały, że kolejny raz mu się udało, ale tak naprawdę jest popaprańcem i oszustem. Wyjaśnił też, jak nauczył się postrzegać je inaczej, jak doszedł do tego, że tak naprawdę wypowiada je Gollum (zdrajca z *Władcy pierścieni*), któremu dziękuje za troskę, ale następnie żegna słowami: „A teraz już spadaj i zostaw mnie w spokoju”.

Można jeszcze poprosić o wsparcie kogoś bliskiego nam obecnie lub w przeszłości (tak jak Kirsty przywoływała swoją babcię patrz s. 115), by zamiast nas zmierzył się z negatywnymi myślami. Niech powie im, żeby zostawiły cię w spokoju, przestały prześladować i męczyć. Może też dodać wówczas jakiś zachęcający do działania komplement: „Kochanie, jesteś wspaniały/a. Wiem, że świetnie sobie poradzisz. Umiesz to zrobić, uda ci się", czy też cokolwiek innego, co pozwoli ci odpędzić krytyczne głosy.

Uważna walka

Kilka lat temu robiłam ośmiotygodniowy kurs Mindfulness Meditation na Bangor University (Jeśli i w twojej okolicy odbywają się takie kursy, warto się na nie zapisać). W trakcie kursu dwie asystentki wykładowcy odegrały pewną scenkę, która szczególnie zapadła mi w pamięć. Jedna z nich nieruchoma, a druga biegała wokół niej, wymachując zaciśniętymi pięściami, jakby chciała ją zaatakować, naśladując w ten sposób natrętne, krytyczne myśli. Atakowana kobieta pokazała wówczas trzy różne reakcje na atak, jakie często prezentujemy. Pierwsza: stoimy w miejscu, pozwalając na popychanie nas i potrącanie (zamarcie w bezruchu). Jednak taka postawa wcale nie zniechęcała atakującej. Nawet kiedy ofiara leżała już bezbronna na ziemi, atakująca nie przestawała jej męczyć. Druga postawa polegała na próbie unikania atakującej i wymknięcia się jej (ucieczka). Wtedy atakująca mogła tylko swoją ofiarę gonić. Trzecia strategia to przystąpienie do bójki (walka), która stawała się coraz bardziej zacięta. Jednak, co dało się zauważyć, wszystkie powyższe metody wymagały dużego wysiłku, energii ze strony atakowanej. Można to było zaobserwować. I analogicznie wszystkie trzy sposoby radzenia sobie z negatywnymi myślami – wspomniana już wersja walki wręcz, ucieczki i zamarcia w bezruchu – wymagają skupienia zwiększonej energii wokół natrętnych, negatywnych myśli.

Następnie kobiety zaprezentowały uważny sposób radzenia sobie z atakującymi myślami: ofiara odwracała się w stronę napastniczki, brała jej ręce w swoje i zaczynała z nią tańczyć, patrząc w oczy, z podniesioną głową, w postawie otwartej. Symbolizowało to tak zwaną empatyczną ciekawość. Uwielbiam wręcz to sformułowanie, ponieważ zawiera w sobie pojęcie aktywnej, otwartej a jednocześnie uprzejmej i zaangażowanej postawy. Opisywałam tę scenkę wielu moim pacjentom i większości bardzo się podobało takie właśnie podejście oraz sposób radzenia sobie z trudnymi i niszczącymi myślami. Często potem stosują oni metodę empatycznej ciekawości, wypowiadając zdanie podobne do tego, jakie zasugerował doktor Russ Harris:

„Ach, to znowu ty. A dlaczegóż ty się dzisiaj pojawiłaś?", wypowiedziane łagodnym i sympatycznym tonem głosu.

ZAPAL ŚWIATEŁKO

Powróćmy jeszcze do metafory z archeologią na etapie, kiedy zaczęliśmy już rozpoznawać i stosować metodę empatycznej ciekawości w stosunku do złośliwych strażników, jakimi są nasze wewnętrzne krytyczne dialogi. Teraz możemy przejść do wyciągnięcia na światło dzienne cennych rękopisów i antycznych przedmiotów oraz oświetlić je latarką w celu dokładnego przyjrzenia się im i ich zbadania. Zadaj sobie pytania: Skąd one pochodzą? Czyje przekonanie i zasady reprezentują? I, co najważniejsze: „Czy ja nadal chcę im dawać wiarę, jako racjonalnie myślący, świadomy dorosły człowiek?".

Przekonania są niezwykle silne i niekoniecznie mają coś wspólnego z naszym zachowaniem. Aaron Beck podzielił przekonania na trzy kategorie: o nas samych, o innych ludziach i o otaczającym nas świecie. Rozróżnił również przekonania *warunkowe* („...będę jakiś, jeśli/ kiedy...") oraz przekonania *kluczowe*, zwane też *podstawowymi* (angielskie *core beliefs*), które zawierają podstawowe cząstki wiedzy o nas samych, innych ludziach oraz o świecie, w którym żyjemy (często wyrażają się w następującej formie: „Jestem taki lub inny").

Monika i Ella odkrywają pewne przekonania i zasady

Z Moniką, „tysiącwatową żarówką" (patrz s. 37), pracowałyśmy tak długo, aż dotarłyśmy do krytycznego momentu podczas jej wyjazdu służbowego. Wtedy to udało jej się rozpoznać w ciele uczucie niepokoju: szybko bijące serce i suchość w ustach, a następnie połączyć je z uczuciem, które towarzyszyło jej często przy rodzinnym stole podczas kolacji (patrz s. 89). „Wydaje mi się, że dobrym pomysłem jest zachowanie spokoju, sprawienie, żeby wszyscy byli szczęśliwi..." Coś takiego: MUSZĘ ZROBIĆ WSZYSTKO, ABY STŁUMIĆ WSZELKIE NAPIĘCIA I SPRAWIĆ, BY WSZYSCY BYLI SPOKOJNI I ZADOWOLENI. „A co się stanie, jeśli te warunki nie zostaną spełnione?", zapytałam. „W innym wypadku, przypuszczam, że cierpiałabym, mama by mnie ukarała". Rozpoznała również kilka innych przekonań, w tym warunkowe: „Jeśli nie poświęcę całej mojej energii, ludzie nie będą mnie lubić"; dotyczące innych: „Kobiety są zazdrosne i niebezpieczne", „Kobiety i mężczyźni nienawidzą się"; o świecie: „Trzeba o wszystko walczyć"; oraz przekonanie kluczowe na temat siebie samej: „Jestem zła", „Trudno mnie pokochać".

Ella, która czuła się upośledzona społecznie z powodu „spuścizny po wstrętnych dziewczynach", zdała sobie sprawę, że tłumiła wszelkie wzmianki o dobrych momentach w jej życiu, by uniknąć ze strony swych pseudoprzyjaciół ewentualnego uczucia smutku, złości, czy zazdrości. „Jakie zasady i przekonania leżą u podstaw takiego zachowania?", zapytałam. Wspólnie stworzyłyśmy taką oto listę:

„Nie mogę się wyróżniać spośród otoczenia", „Nie mogę zwracać na siebie uwagi, wypowiadając inne zdanie niż pozostali", „Muszę się wtopić i wpasować w otoczenie, by znaleźć się poza zasięgiem radaru" oraz „Jeśli nie należę do żadnej grupy, nigdy nie znajdę chłopaka".

Czytając to, można dojść do wniosku, że myśli Moniki i Elli są zupełnie wydumane i nieracjonalne. Jednak tak właśnie jest, że nasze stare zasady i przekonania przeważnie *są* nieracjonalne, ponieważ stworzyliśmy je, zanim rozwinęliśmy zdolność logicznego myślenia i kiedy mieliśmy mało do powiedzenia na temat naszego życia.

Wykres kołowy dotyczący poczucia odpowiedzialności

Oto ćwiczenie mające pomóc ci inaczej spojrzeć na przeszkadzające w szczęśliwym życiu przekonania o tobie samym, wykształcone jeszcze w dzieciństwie i niemodyfikowane od tego czasu. Przekonania typu: „To przeze mnie" (wypowiedziane, by uszczęśliwić wszystkich dookoła) oraz kiedy najmniejsza rzecz pójdzie nie po naszej myśli: „To wszystko moja wina, to mnie należy winić" czy „Jestem niegrzeczną i niedobrą dziewczynką/chłopcem".

Może pamiętacie wykresy kołowe ze szkoły podstawowej. Jeśli nie, zawsze można sobie wyobrazić krojenie ciasta na kawałki:

- Na kartce papieru narysuj koło, a następnie zastanów się nad kluczową kwestią dotyczącą twojego życia: coś, za co czujesz się odpowiedzialny/a, ewentualnie masz poczucie winy, że nie zrobiłeś/aś czy też nie robisz wystarczająco dużo w tej dziedzinie.

- A teraz zadaj sobie pytanie: Kto tak naprawdę jest odpowiedzialny za taki stan rzeczy? Zapisz to pytanie.
- Następnie podziel koło na segmenty i w każdym z nich wpisz imiona osób, do których ów „kawałek" należy. Zrób to w miarę szybko, by twoja podświadomość mogła „wyrzucić" prawdę, a nabyte w przeszłości przymusy (muszę/powinienem/nam) nie dyktowały ci, co masz napisać.

Oto, jak Indira (patrz s. 17) wykonała to ćwiczenie. Jej pytanie brzmiało: Kto jest odpowiedzialny za opiekę nad mamą i tatą? Podzieliła koło, wpisując po dwadzieścia pięć procent zarówno dla mamy, jak i dla taty. „W końcu przecież nie są jeszcze chorzy czy zniedołężniali; w większości przypadków sami mogą sobie poradzić w życiu". Pozostałą połowę podzieliła na cztery równe części, po jednej dla obu braci, siostry i dla siebie. „To, że jako jedyna nie mam męża czy dzieci, nie znaczy, że mogę być na zawołanie całej rodziny przez dwadzieścia cztery godziny na dobę siedem dni w tygodniu".

To naprawdę pomogło Indirze. Zdała sobie sprawę, że wcale nie musi czuć się wiecznie zobligowana do udzielania pomocy, mieć poczucie winy, kiedy mieć go nie powinna. Napisała do rodzeństwa, że jest bardzo zajęta poszukiwaniem pracy, a także szukaniem partnera na serwisach randkowych, w związku z czym oni też muszą się włączyć w pomaganie mamie i tacie. „Było to trochę trudne, ale też zbyt długo czekałam z powiedzeniem tego", wyjaśniła mi. „W zasadzie nawet byłam zaskoczona, jak dobrze większość z nich to odebrała. Dało mi to więcej przestrzeni; zarówno w głowie, jak i w moim grafiku".

Często, kiedy moi pacjenci patrzą na sprawy z dzieciństwa w ten właśnie sposób, zdają sobie sprawę, że właściwie nie mają *żadnych* powodów, by czuć się winnymi. Tymczasem przez lata nosili się ze swoim poczuciem winy, zastanawiali, czy rzeczywiście zasługiwali na obelgi, ponieważ byli niegrzeczni. Może obwiniali się też za rozwód rodziców, gdyż uważali, że nie byli dla nich wystarczająco dobrzy. Potem sami są zaskoczeni, że nie zapisali swojego imienia na żadnym fragmencie koła.

Stare negatywne przekonania nie znikną od razu, ale będą zanikać powoli. Uświadomienie sobie faktu, że to, o czym byliśmy przekonani jako dzieci, nie ma nic wspólnego z prawdą, może być szalenie wyzwalające oraz głęboko zmienić nasz sposób myślenia i postępowania w dorosłym życiu. Indira czuła się przytłoczona ciężarem odpowiedzialności za swoją rodzinę, ale kiedy ten ciężar zniknął, poczuła, że znowu może swobodnie oddychać i krok po kroku stać się w pełni sobą.

ZMIEŃ SFORMUŁOWANIE „POWINIENEM/AM/MUSZĘ" NA „MOGĘ"

To jedna z najpopularniejszych technik, jakich przez lata uczyłam moich pacjentów. Wielu z nich po zakończonych kilku sesjach mówiło mi, jak trudna emocjonalnie była to dla nich praca: przywoływanie bolesnych wspomnień z dzieciństwa, próba konfrontacji z rodzicami i partnerami, odważne zmiany dotyczące ich życia. I jak pomogło im w tym procesie przestawienie się z myślenia „powinienem/am/muszę" na „mogę". Teraz więc przekazuję tu tę jakże cenioną i sprawdzoną przez moich zwolenników taktykę.

Ona również pochodzi z terapii poznawczej Aarona Becka. Beck pisze, że tak problematyczne emocjonalnie stany jak lęki i depresja są w części spowodowane niekorzystnymi dla nas wzorcami myślenia. Szczególnie dotyczy to przekonań kluczowych opisanych w rozdziale pierwszym, które uważam za niezbędne do zrozumienia, dlaczego tak, a nie inaczej myślimy czy postępujemy. Te reguły są „czarne lub białe", czyli dychotomiczne, ponieważ nie pozostawiają nam innych opcji działania: nie ma pomiędzy nimi odcieni szarości, jest albo sukces, albo porażka.

Dla Susie, przytłoczonej obowiązkami matki trójki dzieci (patrz s. 24), jedna z takich zasad brzmiała: ZAWSZE POWINNAM BYĆ SPOKOJNĄ, KOCHAJĄCĄ MATKĄ, NIGDY NIE POWINNAM KRZYCZEĆ NA DZIECI. A kiedy krzyknęła, co jest przecież nieuniknione, czuła, że poniosła porażkę, gdyż złamała własną zasadę. Jeszcze gorsze jest *znaczenie* złamania (niemożliwego do spełnienia, perfekcyjnego) przekonania kluczowego. Dla Susie oznaczało to, że upodabnia się do własnej matki, co z kolei miało oznaczać (zupełnie nieracjonalnie), że jej własne dzieci będą dorastać w nienawiści do niej i nie zechcą wcale spędzać z nią czasu. Co gorsza, będą poważnie skrzywione psychicznie i emocjonalnie. Susie miała już w głowie ugruntowany obraz (i znów nieracjonalny), że kiedy jej dzieci dorosną, nie poradzą sobie w życiu, będą ubogie, bezdomne i skończą pod Waterloo Bridge. Podobne ekstremalne myśli i obrazy utrzymujące się głowie sprawiają, że odczuwamy strach, o czym więcej opowiem w rozdziale ósmym.

Bardziej przyziemnym przykładem użycia słowa „muszę" dzieliłam się z moimi grupami w Holloway.

Dotyczyło to mojego codziennego życia, zabieganych poranków, kiedy wypadałam z domu, zostawiając zlew pełen nieumytych naczyń ze śniadania (i może nawet parę garnków z kolacji z poprzedniego dnia). Zwykłam wówczas wyrzucać sobie: „Powinnam była zmyć naczynia". Ponieważ jednak tego nie zrobiłam, włączał mi się w głowie krytyczny dialog: „Aleź z ciebie leniwa gospodyni. Kompletna porażka. Nie możesz sobie nawet tak ułożyć dnia, żeby umyć naczynia. Jesteś żałosna".

A teraz popatrzmy, co się dzieje, kiedy w powyższym zdaniu zastąpi się wyraz „powinnam" wyrazem „mogę". „*Mogłam* już zmyć te naczynia". Ja widzę w tym wypadku pojawiający się natychmiast element wyboru. Nie ma już przymusu. „*Mogłam* już je zmyć, ale tym razem zdecydowałam się tego nie robić". Zobaczcie, o ile lepiej to brzmi. Czy przestaliście już być spięci, słysząc łagodne słowo „mogę"? To nie słowo „powinienem/am", które prowadzi do samobiczowania z samej swojej natury. Jest surowe i wywołuje niemiłe skojarzenia.

Otaczają nas powinności, jest ich całe spectrum, począwszy od tego, co „powinno" się zrobić z własnym życiem („Powinnam już wyjść za mąż/Powinienem już mieć żonę", „Powinienem/am już odnieść sukces", „Do tej pory powinienem/am już zajść wyżej w życiu"...), a skończywszy na zupełnie trywialnych rzeczach, jak: „Powinnam pomalować usta" czy „Powinno się pić co najmniej dwa litry wody dziennie". Nie ma nic złego, jeśli te kwestie traktujemy jako *wskazówki* w naszym życiu, ale kiedy stają się *nakazem*, mogą wpędzić nas w pułapkę i wówczas czujemy się uwięzieni.

Powinność oddechu słonia

Kilka lat temu zapłaciłam dekoratorce wnętrz za poradę, na jakie kolory pomalować wnętrza w moim domu. Myślę, że musiałam wówczas czuć się wyjątkowo niepewnie, czy też, jak to określiła moja przyjaciółka, „wstydzić się za swój dom". Dziesięć lat wcześniej, kiedy malowałam wnętrza na jasne kolory śródziemnomorskie, czułam się pewna swoich wyborów. Tymczasem podczas wizyty dekoratorki wnętrz miałam wrażenie, że jestem nie na czasie, i zrobiło mi się głupio, kiedy ta szykowna, nowoczesna kobieta czyniła nieco pogardliwe uwagi o „kolorach jak ze żłobka" i osiągniętym efekcie „hałaśliwej meksykańskiej jadłodajni". Po serii głębokich westchnień i przykładania do ścian palet z różnymi odcieniami szarości, wydała werdykt: „Sądzę, że najlepiej na parterze sprawdzi się oddech słonia z Farrow & Ball". A teraz dla tych z innej planety, czasu czy kultury zagadka, a właściwie zabawna łamigłówka: jakiego koloru może być oddech słonia? Czy rzeczywiście będzie transparentny jak każdy oddech? Wówczas jednak oddech słonia z Farrow & Ball to był szczyt elegancji i uwierzcie mi, że ten kolor zdobił najmodniejsze ściany na świecie.

Posłusznie więc kupiłam próbkę farby, pomalowałam nią duży arkusz papieru i powiesiłam go na ścianie przy telewizorze. I tam ten kolor gnębił mnie przez *kolejne trzy lata*. Za każdym razem, kiedy po pracowitym dniu zapadałam się na kanapie, szukając komfortu i wytchnienia, wracała do mnie ta sama myśl: *powinnaś* pomalować ten pokój na oddech słonia. Jak można już sobie wyobrazić, na tym moje krytyczne myśli nie stanęły, galopując dalej: ten pokój jest ohydny, wygląda jak meksykańska stołówka; nie masz gustu, jesteś beznadziejna, nie znasz się na trendach i nie możesz nikogo zaprosić, dopóki nie pomalujesz wszystkich ścian na oddech słonia itd. Nie przesadzę, jeśli powiem, że z powodu opinii tej szykownej pani i uwierzenia w jej sądy ulotniła się cała radość z tego pokoju, a nawet ze wszystkich wnętrz, na całe trzy lata. (Jeśli interesuje was, co było dalej, to odzyskałam wiarę we własny wybór i pomalowałam pokoje na cudowny, niemodny kolor jasnoniebieskiej kredy, który sprawia, że czuję się wyciszona i pogodna).

Te powinności mogą sprawić, że Mili poczują się złapani w pułapkę, którą sami sobie wybudowali i z której sami nie umieją się wydostać. Ma to wiele wspólnego z poczuciem braku bezpieczeństwa oraz porównywaniem się z innymi. Jeśli sami czujemy się pewni siebie, a także uznawanych wartości, swoich gustów i standardów życia, wówczas machamy ręką na to, co inni sądzą o kolorze ścian w naszym salonie, pełnym naczyń zlewie czy o wynikach egzaminów naszych dzieci. Oczywiście jednak we współczesnym świecie, gdzie króluje daleko posunięty konsumpcjonizm, gdzie marketing sprawia, że czujemy się nie na swoim miejscu, gorsi w wielu dziedzinach, trudniej jest osiągnąć spokój ducha. I w efekcie, aby poczuć się „jak trzeba", kupujemy dane produkty czy usługi. Rzadko też można spotkać ludzi, którym udaje się mieć poczucie bezpieczeństwa i czujących się dobrze we wszelkich aspektach życia.

Twoje powinności i przymusy

Postaraj się zrobić taki eksperyment. Chciałabym, byś przez jeden dzień spróbował/a skontrolować się i policzyć, ile razy mówisz „muszę" (sobie bądź innym). Zobacz, czy uda ci się w porę uchwycić, kiedy masz zamiar wymówić to słowo i zamiast niego postaraj się powiedzieć „chcę". Następnie zaobserwuj, co się dzieje w twoich myślach, co czujesz, kiedy stosujesz ten zamiennik. Jeśli podoba ci się ten eksperyment, kontynuuj go przez kilka dni i zapisuj rezultaty w notesie. Ale, oczywiście, nie „musisz" tego robić…

Oto lista powinności, które kolekcjonowałam podczas samoobserwacji oraz w trakcie wieloletniej obserwacji moich pacjentów:

- Muszę pomalować salon na oddech słonia.
- Muszę zrzucić parę kilo.
- Muszę być szczuplejsza.
- Muszę jeść pięć porcji warzyw i owoców dziennie.
- Muszę częściej kochać się z partnerem.
- Muszę już przestać się trapić.
- Muszę coś ze sobą zrobić, w tym wieku już dawno powinnam być żoną.
- Muszę częściej dzwonić do mamy.

TWOJA KARTA PRAW PODSTAWOWYCH

Zanim zmienisz swoje zachowanie i zaczniesz działać inaczej niż dotychczas, najważniejsze jest uświadomić sobie, że masz do tego *prawo*. Stany Zjednoczone mają Kartę Praw Stanów Zjednoczonych, która gwarantuje szereg swobód i wolności osobistych i stanowi wręcz integralną część amerykańskiego obywatelstwa. Jej treści są przekazywane już w szkole i niemal wszyscy je znają. Po raz pierwszy zdałam sobie sprawę, że wszyscy mamy *osobistą* Kartę Praw, czytając książkę Anne Dickson *Masz prawo być kobietą*, w której autorka wymienia jedenaście podstawowych praw osobistych. Wszystkie one brzmią jak oczywistość i są niezwykle proste, ale prawdopodobnie wiele osób nie zastanawiało się nad nimi wcześniej i podświadomie trzyma się własnych zasad, pochodzących jeszcze z dzieciństwa czy z przekazów społecznych. Często jednak są one sprzeczne z opisywanymi przez Anne Dickson i dlatego trudno sobie wyobrazić, że i nas mogą dotyczyć.

Karta Osobistych Praw Podstawowych zawiera następujące zapisy:

- Mam prawo wyrażać własne uczucia.
- Mam prawo być sobą.
- Mam prawo odmawiać.
- Mam prawo do błędów.
- Mam prawo do zmiany zdania.

- Mam prawo powiedzieć, że czegoś nie rozumiem.
- Mam prawo nie czuć się odpowiedzialny/a za problemy innych dorosłych.
- Mam prawo stawiać siebie na pierwszym miejscu.
- Mam prawo nie być zależny/a od aprobaty innych.

Karta Osobistych Praw Podstawowych przygotowuje do lektury następnego rozdziału, który mówi właśnie o tym, że mamy prawo robić coś innego niż dotychczas, a jednocześnie wzmacnia nowe, dobre nawyki i przekonania, aby zmienić nasz stosunek do siebie samych.

PODSUMOWANIE

W tym rozdziale proponowałam kilka praktycznych metod, aby pomóc czytelnikom zidentyfikować osobiste zasady, postawy i przekonania, które stoją za Przekleństwem Bycia Miłym, a następnie zmierzyć się z nimi.

- Zaneguj własne krytyczne myśli i dawne zasady.

- Osłabiaj wewnętrzne głosy krytyczne.
- Spróbuj zrobić ćwiczenie z wykresem kołowym (s. 123), aby zobaczyć pewne swoje przekonania w nowym świetle.
- Przestań mówić „muszę" i zamień je na „chcę" lub „mogę".
- Zapoznaj się z Kartą Osobistych Praw Podstawowych.

ROZDZIAŁ SZÓSTY

Ponieważ jestem tego wart/a: Bycie Miłym dla nas samych

Mili przeważnie mają niskie poczucie własnej wartości, a ich dobre samopoczucie bardzo często uzależnione jest od aprobaty innych. Pamiętacie, co mówił Carl Rogers o przekonaniach, jakie mamy o nas samych, o innych i o świecie (rozdział drugi, s. 37)? Jako ci Mili powinniśmy pracować nad budowaniem przekonań, które odzwierciedlają naszą opinię o nas samych, a nie opinię innych o nas.

Większość z nas zna kogoś, kto albo zadziwia nas, albo irytuje, ponieważ ma bardzo dobre mniemanie o sobie i równie silną wiarę w siebie. Trzeba przyznać, że i nam przydałoby się trochę tych cech, dlatego postaram się pokazać tutaj kilka sposobów, aby to osiągnąć. Każdy z nas jest oczywiście inny, różne są nasze potrzeby. Starajcie się więc być otwarci i zastanówcie się, czego konkretnie chcielibyście spróbować i jakie metody wam przypadną do gustu.

KLAMRA ODKUPIENIA

Pewien mój znajomy, który z zawodu jest scenarzystą, dał mi do myślenia takim oto stwierdzeniem: „Hollywood wymaga, by każda filmowana historia miała coś, co nazywają klamrą odkupienia". Tłumaczył na przykładzie, co to oznacza: „Mamy klasyczną opowieść: chłopak spotyka dziewczynę, chłopak traci dziewczynę i w końcu ją odzyskuje. Odkupienie, o którym mowa, polega na tym, że jeden z bohaterów albo oboje diametralnie się zmieniają, bardzo często mają jakiś przebłysk w głowie, chwilę oświecenia czy zrozumienia, co doprowadza ich do szczęśliwego zakończenia. My, jako widzowie, często wiemy o tym wcześniej niż sami bohaterowie, to tylko dodaje dramatyzmu całej sytuacji". Znajomy scenarzysta mówił też, że nie tylko pełnometrażowe filmy powinny podlegać tej regule, ale każdy odcinek serialu. Podał jako przykład serial *Przyjaciele*, który odniósł ogromy sukces i w którym została zastosowana miniklamra, czyli ciągnący się przez wiele odcinków wątek: czy Rachel i Ross będą razem. Jeśli ogląda się filmy, wiedząc o tym zabiegu, to można zaobserwować, jak często jest on wykorzystywany (choć oczywiście są wyjątki: głównie w filmach określanych jako mroczne, artystyczne czy autorskie, które wydają się bliższe prawdziwemu życiu).

Problem z klamrą odkupienia polega na tym, że budzi w nas fałszywą nadzieję. Na progu dorosłości już tyle filmów zdążyliśmy obejrzeć, że w efekcie pokładamy zbyt wielkie nadzieje w ludziach, których kochamy, a którzy wcale nie kochają nas tak, jak byśmy chcieli, i często nas rozczarowują. My jednak wciąż oczekujemy, że będą mieli ową chwilę objawienia czy oślepiający przebłysk zrozumienia i nagle zaczną nas kochać i doceniać tak, jak my to sobie wyobrażamy. To, niestety, zdarza się bardzo rzadko, ponieważ ludzie niezwykle powoli się zmieniają, jeśli w ogóle. Brad Pitt powiedział kiedyś w wywiadzie: „Kiedy zaczynałem pracę w filmie, uczono mnie, że należy myśleć i dążyć do klamry i że powinno się mieć moment oświecenia. W miarę upływu czasu widzę, że to wierutna bzdura. Tak naprawdę przecież nie zmieniamy się od razu; ewoluujemy stopniowo, po trochu".

Pomimo wszystko nasze zaangażowanie w ideę momentów oświecenia jest ogromne i to one właśnie często mogą nas powstrzymać od wprowadzenia zmian w swoim postępowaniu (jedyną prawdziwą zmianą postępowania jest tylko taka, którą wprowadzamy w nasze życie świadomie). Nie oczekujmy więc od innych, że staną się tacy, jakimi chcielibyśmy, żeby byli. Odkryłam, że ta prawidłowość dotyczy nie tylko naszych życiowych partnerów, ale równie mocno utrzymuje się w odniesieniu do rodziców, w mniejszym stopniu do rodzeństwa i oczywiście do przyjaciół.

Kiedy zwracałam na to uwagę moim pacjentom i prosiłam, żeby opisali, czego oczekują od rodziców czy rodzeństwa, ich oczekiwania zawsze sprowadzały się do tego samego: „Po pierwsze, niech przeproszą ich za zło, które im wyrządzili, i po drugie, niech potwierdzą, że ich kochają i są z nich dumni". Wymarzone wyznanie brzmiałoby mniej więcej tak: „Kochanie, wiem, że nie byłam idealną matką/ojcem/bratem/siostrą/partnerem i przez lata popełniłem/am wiele okropnych błędów, ale kocham cię najbardziej na świecie i jestem z ciebie bardzo dumny/a. Proszę wybacz mi to, co było złe, zacznijmy budować naszą relację od nowa".

Bądź swym własnym wyzwoleniem

Parafrazując Serenity Prayer (popularna nazwa modlitwy amerykańskiego teologa Reinholda Niebuhra [1892–1971]), zaadaptowaną przez kluby Anonimowych Alkoholików oraz wykorzystywaną w programach dwunastu kroków i innych grupach wsparcia, można powiedzieć: „Jeśli angażujemy naszą energię w próbę zmiany tego, co możemy zmienić (oraz akceptujemy to, czego zmienić nie możemy, i świadomie rozróżniamy te dwa zjawiska), wówczas mamy możliwość powolnego zmierzania do naszego *własnego* wyzwolenia". Kluczem do osiągnięcia owego wyzwolenia jest danie sobie miłości i troski, jakiej oczekujemy od innych.

Oglądałam kiedyś serial BBC pod tytułem *The Convent* (Zakon), którego bohaterkami są kobiety, wysłane do klasztoru żeńskiego, by pomóc im uporać się z problemami ich skomplikowanego życia. Zapadła mi w pamięć scena, a dokładnie jedna z kobiet, bardzo nieszczęśliwa i nieustannie zapłakana. Wyjawiła ona już wcześniej, że miała okropne dzieciństwo, ojca alkoholika i niezwykle surową, wiecznie krytykującą ją matkę, co położyło się cieniem na jej życiu. Sama była już matką czwórki dzieci i czasami miała myśli samobójcze, dlatego też poszukiwała ukojenia w klasztorze, aby wreszcie odnaleźć w sobie spokój. W serialu pokazano jej spotkanie z niezwykle ciepłą i miłą siostrą zakonną, która wyglądała na jakieś dziewięćdziesiąt lat i od której biły mądrość i współczucie. „Jestem pewna, że dla swoich małych dzieci jesteś cudowną matką", przekonywała łagodnie tę kobietę. „Teraz musisz sobie samej pomatkować, tak jak matkujesz swoim ukochanym dzieciom. Pociesz się czymś, kiedy jesteś przestraszona, znajdź słowa zachęty, zjedz coś dobrego i odpocznij. Masz umiejętności, musisz je wykorzystać w trosce o siebie samą". Kobieta nigdy nawet nie pomyślała o sobie w ten sposób. Mogła sobie jedynie wyobrazić, że takie podejście powinno jej pomóc. To były niezwykle poruszające chwile, kiedy zalewając się łzami, przyznała, że sama dla siebie była potwornie krytyczna (tak jak jej własna matka dla niej), ale podobał jej się pomysł bycia dobrą i miłą dla samej siebie, czy matkowania sobie jak własnym dzieciom.

Nie sądzę, że koniecznie trzeba mieć własne dzieci, by posiąść takie umiejętności i cechy oraz móc podjąć się wykonania takiego eksperymentu. Wystarczy pomyśleć o małych dzieciach, które nas wzruszają i które bardzo lubimy (może o naszych krewnych albo chrześniakach) oraz o tym, jak się do nich odnosimy, co im mówimy, jak umiemy je pocieszać, kiedy się zasmucą albo są przestraszone. Dobrym wzorcem będzie też miłość i troska, jaką otaczamy nasze zwierzęta. Chodzi o to, by być dla siebie samych kochającym, akceptującym rodzicem. Kimś takim, kogo chcielibyśmy mieć w swoim otoczeniu.

TROSKA O SIEBIE

Zakochałam się w książce Cheryl Richardson *Zadbaj o siebie metodą Extreme Self-care*. Ten prowokacyjny tytuł jasno daje do zrozumienia, jak bardzo trzeba się zaangażować, żeby właściwie zająć się sobą. Już sam pomysł poznania swoich potrzeb i postawienia ich na pierwszym miejscu nawet przez krótki okres wydaje się dość ryzykowny i przywodzi na myśl uprawianie jakiegoś ekstremalnego sportu typu paralotniarstwo czy skakanie na bungee.

Afirmacje

Jednym z większych wyzwań rzuconych przez Cheryl jest zbudowanie miłości własnej i powtarzanie sobie, dosłownie każdego dnia, że kochamy samych siebie. Patrząc w lustro codziennie rano, należy powiedzieć: „Kocham cię (i tu dodać własne imię)". I przy tym nie kpić z siebie! Wiem, samo *czytanie* o tym jest trudne, nie mówiąc już o codziennym wypowiadaniu tej kwestii do swojego odbicia w lustrze. Muszę przyznać, że widziałam w tym głęboki sens i rozumiałam potrzebę takiego postępowania, a mimo wszystko, na początku nie mogłam pokonać pewnych wewnętrznych barier i wcześniej wypracowanych mechanizmów, aby spróbować to zrobić.

Taką próbę podjęła jedna z moich pacjentek, intelektualistka i osoba niezwykle profesjonalna. Powiedziała potem, że było to dla niej jedno z najtrudniejszych zadań w życiu (a trzeba wspomnieć, że jest absolwentką najlepszych uniwersytetów na świecie), ale niezwykle ją odmieniło. Była wówczas w trakcie rozwodu, miała dysfunkcyjną rodzinę, która w żaden sposób jej nie wspierała, do tego dochodził ciągły stres w pracy oraz choroba i śmierć ukochanej osoby z rodziny. Naprawdę ledwo dawała sobie z tym wszystkim radę. I wówczas, jak mi powiedziała, ktoś widząc ją pewnego dnia, stwierdził: „Wyglądasz na szczęśliwą". I rzeczywiście, zdała sobie sprawę, że tego ranka po raz pierwszy od półtora roku obudziła się z poczuciem szczęścia. Oczywiście uczestniczyła w terapii oraz dokonała wielu pozytywnych zmian w swoim życiu i relacjach z ludźmi, była jednak przekonana, że w osiągnięciu równowagi i szczęścia w życiu pomogło jej najbardziej codzienne mówienie rano i wieczorem: „Kocham cię, Rebeko".

Powyższa afirmacja „Kocham cię" jest bardzo skuteczna, ale jedynie przykładowa. Warto natomiast stworzyć specjalną afirmację na swoje własne potrzeby i możliwości, by zmierzyć się z konkretnym problemem w danej chwili życia. Kiedy prowadziłam kursy psychologiczne w Holloway Prison, afirmacje okazały się niezwykle popularne i efektywne. Jedna z ulubionych sentencji w mojej grupie terapeutycznej brzmiała następująco: „Łamię stare mechanizmy działania i zachowania i idę do przodu". Szczególnie podobała się ona kobietom, ponieważ była pozytywna, podnosząca na duchu i bardzo prawdziwa dla większości z nich.

Pomocą przy tworzeniu afirmacji jest rozpoczęcie zdania od „Ja" i uzupełnienie czymś pozytywnym w czasie teraźniejszym. Tak więc można powiedzieć: „Uczę się być dla siebie dobra i kochająca", „Uczę się odmawiać robienia czegoś, co zabiera moją energię" albo po prostu „Jestem dobrą osobą". Pomaga też głośne wypowiedzenie danej afirmacji, a jeśli mamy z tym problem, powtarzanie jej w myślach. Dla osiągnięcia zamierzonego efektu, najlepiej będzie patrzeć na siebie w lustrze i powtarzać stworzoną przez siebie formułkę tak często, jak tylko się da.

Dzienniczek i trzy dobre uczynki dziennie

Jak już wcześniej mówiłam, wielu z nas osiąga wiek dojrzały i nadal ma trudności w myśleniu o sobie w dobrych kategoriach. Bycie samokrytycznym i surowym w stosunku do siebie stało się swoistym nawykiem, wpisało się w sposób myślenia o nas samych. Mózg, niczym zaprogramowany, sam już podąża wytyczonymi wcześniej ścieżkami. Błędnie działają nasze wewnętrzne komputery pokładowe. Prowadzenie dzienniczka, w którym będziemy notować trzy dobre uczynki dziennie (można też zapisywać je w telefonie), pozwoli nauczyć się rozwinąć milsze i bardziej pobłażliwe sposoby i nawyki myślenia o sobie. To ważne, by nauczyć się zauważać i doceniać swoje dobre cechy, nagradzać się za nie i myśleć o sobie z dumą. Droga prowadząca ku odkupieniu wymaga zrobienia samemu czegoś dla siebie.

Ta teoria, która wywodzi się z ruchu pozytywnej psychologii, stworzonego przez Martina Seligmana i innych w latach dziewięćdziesiątych, polega na budowaniu własnych mocnych stron i odporności psychicznej oraz na skupieniu się na nich, a nie na słabościach i brakach. Z przeprowadzonych wielu badań nad teorią Seligmana jasno wynika, że zmiana nastawienia na pozytywne może przynieść znaczącą poprawę stanu zdrowia psychicznego. A codzienne zapisywanie trzech pozytywnych pomysłów w dzienniczku stwarza nowe neuronowe połączenia w mózgu. Chodzi o to, aby ludzie po kilku tygodniach byli w stanie przypomnieć sobie co najmniej jedną dobrą rzecz, jaką zrobili każdego dnia (nie szkodzi, jeśli na początku nie będą w stanie znaleźć trzech takich rzeczy). Można też myśleć o sobie nowymi kategoriami, czyli miło i niekoniecznie wszystko spisywać.

Przeważnie jednak pacjenci usiłują notować rezultaty swoich starań, a ci najbardziej wytrwali potwierdzają, że ma to niezwykle pozytywny wpływ na ich poczucie własnej wartości, postrzeganie siebie i ogólne dobre samopoczucie. Nie jest to jednak takie proste, jak mogłoby się wydawać, jeśli zdamy sobie sprawę, że można zapisać wszelkie działania i zadania, o których wcześniej nawet się nie myślało („Przecież każdy potrafi to zrobić") albo bierze się je za oczywiste („Przecież i tak muszę zrobić kolację"). Chodzi właśnie o to, żeby notować rzeczy zupełnie *zwyczajne*, a nie te nadzwyczajne.

Przy każdym zapisanym zdarzeniu warto nazwać i dopisać cechy osobiste, którymi wykazaliśmy się w danej sytuacji. Na przykład: „Kupiłam żonkile do wazonu. Jestem kreatywna, kochająca, myślę o ognisku domowym i stworzeniu miłej, ciepłej atmosfery". Określenie tych cech może być łatwiejsze, jeśli wyobrazimy sobie, że chodzi o dobre cechy przyjaciela, który zrobił dokładnie to samo, co my. Zachowujmy te notatki dla siebie, aby ochroniły nas przed potencjalnym atakiem krytycznych myśli i głosów, jakie mogą zniweczyć cały nasz wysiłek i zagłuszyć pozytywne sposoby myślenia, nad którymi pracujemy, będą je trywializować, wyśmiewać, zarzucać nam, że się chwalimy. Można też zastosować techniki walki z krytycznymi myślami, które przedstawiłam w poprzednim rozdziale (patrz s. 111–119). Oto kilka wpisów z dzienniczków trzech dobrych uczynków, które przekazali mi moi pacjenci:

- Poszedłem do pracy, mimo że źle się czułem. Jestem sumienny, można na mnie polegać.
- Pocieszałam ojca, który zadzwonił do mnie zmartwiony. Jestem dla niego oparciem, troszczę się o tatę, myślę o nim i chcę mu pomóc.
- Bardzo się starałem uprawiać sport w czasie, gdy łatwo było się poddać. Jestem zdeterminowany.
- Spisałem plan zadań do zrobienia na studiach. Jestem zorganizowany i pragnę odnieść sukces.
- Śpiewałam w przedstawieniu. Jestem pewna siebie, zaangażowana i twórcza.
- Spotkałam się z byłym partnerem. Wybaczyłam mu i byłam pełna współczucia. Słuchałam go, nie oceniając, kiedy mówił o swoim związku z moją dawną przyjaciółką.
- Byłem dzisiaj na spotkaniu w sprawie pracy, która mnie trochę przeraża. Rozmawiałem w języku migowym. Czułem się z siebie dumny, cieszyłem się, że zachowałem spokój i poszedłem na rozmowę. Jestem odważny.
- Przyszła do mnie sąsiadka, której wcześniej nie spotkałam, i poprosiła, żebym obejrzała jej chore

gardło. Była zażenowana, ale starałam się, żeby poczuła się swobodnie. Obejrzałam jej gardło. Nie lubię nieznajomych, stresują mnie, ale starałam się być przyjacielska i pomocna.

- Poprosiłem kierowniczkę zmiany o rozmowę. Powiedziałem jej, że mam za dużo pracy, i spytałem, czy można coś z tym zrobić. Okazała się nad wyraz pomocna i przyznała, że nie wiedziała o moim problemie. Zebrałem się na odwagę i szczerość. Poprosiłem ją o pomoc.
- Ugotowałam nowe danie z przepisu Jamie'ego Olivera. Dzieciom nie smakowało, ale ja się nie zdenerwowałam. Jestem ciekawa świata, wybieram zdrowe i dobre życie.
- Oglądałem z córką program telewizyjny, świetnie się razem bawiliśmy i śmialiśmy. Jestem dobrym ojcem, znalazłem czas na budowanie więzi z dzieckiem.
- W ostatnim momencie zdecydowałem się nie pójść na koncert kumpla. Byłem zbyt zmęczony. Dbam o siebie, a przecież zawsze mogę pójść następnym razem. A poza tym dobrze jest obudzić się bez kaca.
- Nie kupiłam markowego topu na wyprzedaży, bo byłam zażenowana przy koleżance. Zadzwoniłam do sklepu i kupiłam top dzisiaj. Szybko

zareagowałam i naprawiłam swój błąd. Jestem dynamiczna, pełna pomysłów i przede wszystkim pokonałam uczucie, że nie zasługuję na prezent. Pomogłam wyjaśnić nieporozumienie między T a J. Świetnie radzę sobie z rozwiązywaniem problemów, a ponadto jestem wspaniałą mamą.

- Pomogłam przyjaciółce w kwestii szukania mieszkania. Spojrzałyśmy na problem ze wszystkich możliwych stron. Potrafię słuchać, interesuję się losem moich przyjaciół, myślę o nich, jestem obiektywna, proponuję różne rozwiązania i mam nowatorskie pomysły.
- Kupiłam kuzynce notes do zapisywania trzech dobrych rzeczy dziennie i od razu wpisałam do niego trzy dobre cechy, za które ją podziwiam. Jestem troskliwa, pozytywna, daję oparcie bliskim i pragnę pomóc kuzynce dostrzec jej zalety.
- Rozweseliłam moją czteroletnią siostrzenicę, wożąc ją na kolanach jak na koniu. Jestem zabawna, umiem nawiązać dobre relacje z dziećmi, myślę o innych, jestem miła i nieco szalona!

Pacjentka, której trzy zapisy z notesu przytoczyłam na końcu, powiedziała mi, że codziennie wieczorem odnotowuje trzy podobne przykłady, gdyż jej zdaniem skupianie się na pozytywnych rzeczach przed pójściem spać, gwarantuje lepszy wypoczynek i sen. „Wcześniej szłam do łóżka z nierozwiązanymi problemami i w głowie kłębiły mi się krytyczne myśli, przez co miałam kłopoty z zasypianiem. To się zmieniło od chwili, gdy prowadzę dzienniczek. Teraz już nie czuję tego zdenerwowania przed pójściem spać, co wcześniej". Już dwa i pół tygodnia prowadzenia notesu sprawiły, że kobieta zupełnie inaczej zaczęła siebie postrzegać. „Dużo się zmieniło. Obecnie moje myśli biegną w zupełnie innym kierunku niż dawniej. Zamiast się samobiczować i utwierdzać w przekonaniu, że do niczego się nie nadaję, teraz spisuję to, co mnie cieszy".

Zapisywanie podobnych spostrzeżeń, nawet jeśli nie robi się tego codziennie, tylko od czasu do czasu, pozwala zebrać wiele pozytywnych myśli w jednym miejscu. A w gorszych chwilach lub w momentach zwątpienia w siebie można zajrzeć do notatek i przeczytać, kiedy i z jakiego powodu byliśmy z siebie zadowoleni i dumni. Dla większości Miłych niezwykle trudnym zadaniem jest nauczyć się doceniać i chwalić samego siebie. Jednak warto być wytrwałym, gdyż dostaje się wiele w zamian.

Przełom i zestaw do parzenia herbaty dla jednej osoby

Jedną z moich pierwszych pacjentek była niezwykle inteligentna kobieta, matka trójki dzieci, odnosząca wielkie sukcesy w pracy zawodowej, która nigdy w życiu nie zrobiła nic dla siebie. Po około sześciu miesiącach terapii (tłumaczyła sobie, że chodzi o dobro jej dzieci), kiedy z wielkim zaangażowaniem pracowała nad odkryciem swoich wzorców myślenia, uczuć i zachowań, które doprowadziły ją na skraj depresji, w końcu wykrzyknęła: „Nareszcie przełom!". Wprost nie mogłam się doczekać, by usłyszeć, cóż to był za przełom. Co takiego wywołało okrzyk radości? „Kupiłam zestaw do parzenia herbaty dla jednej osoby", oznajmiła. Wyobrażam sobie, że musiałam wyglądać na niezwykle zaskoczoną, ponieważ nigdy nie słyszałam o zestawie do parzenia herbaty dla jednej osoby (ale natychmiast po spotkaniu poszłam kupić sobie taki sam). „Jak on wygląda?", zapytałam zaciekawiona. A moja pacjentka zaczęła mi opisywać, że jest to mały dzbanuszek z sitkiem, który stawia się na filiżance lub na kubku o tym samym wzorze. „W dzbanuszku mieszczą się dwie filiżanki herbaty", wyjaśniła, a po chwili z figlarnym uśmiechem dodała: „ale cała herbata jest tylko dla mnie".

Był to zdecydowanie punkt zwrotny w życiu tej zapracowanej, oddanej dzieciom i pracy kobiecie. Udało jej się przełamać przekonanie kluczowe: NIE WOLNO MI STAWIAĆ WŁASNYCH POTRZEB PRZED POTRZEBAMI POZOSTAŁYCH CZŁONKÓW RODZINY (inaczej stanie się coś złego, tak jak to było w dzieciństwie). Dzięki temu zupełnie trywialnemu eksperymentowi rozpoczęła się jej walka ze swoim dotychczasowym przekonaniem. Można powiedzieć, że dojrzały, racjonalnie działający mózg kobiety dostrzegł w końcu przesądny sposób myślenia tkwiącego w niej małego dziecka i dał się przekonać, że małe przyjemności, które można sobie samej zafundować, nie sprowadzą tragedii na rodzinę. Był to początek dalszych eksperymentów, pozwalania sobie na chwile tylko dla siebie czy na „spotkania ze sztuką", w celu rozwijania własnej kreatywności (co zresztą radzi Julia Cameron, autorka wspaniałej książki *Droga artysty*). Eksperymenty pozwoliły mojej pacjentce podjąć decyzję o przejściu na pół etatu w pracy, by móc więcej czasu spędzać z dziećmi, zapisać się na kurs kreatywnego pisania i samej zacząć pisać.

JAK MOŻNA SOBIE DOGADZAĆ?

L'Oreal, znana firma kosmetyczna, wymyśliła nośny slogan: „Ponieważ jesteś tego warta". Odwołuje się w nim do korzystania z prawa do przyjemności. Następnie zachęca cię usilnie do zakupu, na przykład genialnego specyfiku do włosów, ponieważ jesteś wspaniałą, wartościową osobą i powinnaś traktować się jak najlepiej. Tylko że wiele kobiet ma trudność z przekonaniem siebie, że mogą poświęcić swój czas, energię, pieniądze i miłość sobie samym. W naszych głowach królują myśli zgoła przeciwne do tego, co głosi L'Oreal: My tak naprawdę nie jesteśmy wiele warte i nie zasługujemy na coś specjalnego. I, tak jak już wcześniej wspominałam, Mili poświęcają swój czas, energię, pieniądze, miłość innym ludziom, nie pozostawiając nic dla siebie. Jednak teraz, dla waszego psychicznego i fizycznego zdrowia, odczuwania radości i spełnienia, żywo zachęcam was: Dajcie sobie do tego prawo i zróbcie coś tylko dla siebie. Warto się zastanowić, co mogłoby być odpowiednikiem wspomnianego wcześniej zestawu do parzenia herbaty dla jednej osoby. Nie jest łatwo cokolwiek zasugerować, ponieważ to, co odpowiada jednej osobie, niekoniecznie będzie dobre dla drugiej. Oto przykłady z życia moich pacjentów: pływanie, odprężająca, luksusowa kąpiel, jazda na rolkach, taniec (stepowanie, zumba, tango, salsa), bieganie (maraton albo tylko przebieżka po parku), pisanie, malowanie, zwiedzanie galerii sztuki, spacery z psem, masaże, śpiewanie w chórze, spotkania z przyjaciółmi (nie tylko rozmawianie o trudnych sprawach przy winie wieczorem), przebywanie na łonie przyrody, w lesie czy nad wodą... Możliwości jest nieskończenie wiele i każdy powinien wybrać to, co mu najbardziej odpowiada. Zachęcam czytelników do zastanowienia się nad tym, co im przynosi radość, co lubili robić jako dzieci lub nastolatki i spróbować to zrobić teraz. Obecnie może to przybrać nieco inną formę, więc zamiast chodzić, na przykład do klubów, można zapisać się na kurs tańca, ale najważniejsze, by wywołać w sobie te same uczucia radości i swobody, które dają siłę i tak nas wzbogacają.

Pacjentka, która prowadziła dzienniczek trzech dobrych rzeczy, nabrała dzięki niemu poczucia własnej wartości i włożyła również wiele wysiłku w znalezienie czynności dających jej radość i zmysłową przyjemność. Wcześniej przez lata ignorowała potrzeby swojego ciała i starając się jak najwięcej w życiu osiągnąć, przesiadywała całymi dniami w pracy, katowała się na siłowni i dręczyła głodówkami. Po czterech miesiącach terapii dokonała następujących zmian: zaczęła chodzić na lekcje badmintona, które dawały jej wiele radości i okazję do spotkań z ludźmi, zapisała się na kurs mindfulness i na jogę. Pojechała na tydzień na farmę zdrowia, gdzie nauczyła się zdrowo odżywiać i dużo ćwiczyć, a w końcu wybrała się na kurs seksu tantrycznego.

Kupiła przepięknie pachnące kosmetyki do kąpieli i zdrowe produkty do jedzenia, aby sprawić sobie prawdziwą ucztę dla zmysłów.

Kiedy spotkałam się z nią po którymś z długich weekendów, promieniała siłą życiową, energią i radością. Podziękowała mi za to, że pomogłam jej odkryć nowe zainteresowania i żyć w jej własnym tempie: „Jeśli powiedziałaby pani podczas pierwszych sesji, że *muszę* zrobić te rzeczy dla siebie, stawiłabym opór i nigdy bym niczego podobnego nie doświadczyła. Tymczasem pani jedynie wspomniała, żebym przyjrzała się i zastanowiła, co sprawia mi przyjemność, przyczynia się do wzrostu moich sił, a ja po prostu skorzystałam z tej rady".

Spytajmy więc, co sprawia, że nasze siły rosną? To pytanie może początkowo wydać się nieco dziwne i niezrozumiałe, ale wystarczy wrócić do kwestii opisanych w rozdziale czwartym, a dotyczących wczuwania się w potrzeby własnego ciała. Kiedy ktoś coś nam proponuje lub czegoś od nas żąda, wówczas ciało może odpowiedzieć pozytywnie bądź negatywnie; nazywam to wznoszącą bądź opadającą energią. (Wiele osób odczuwa to w żołądku). Często nie zauważamy tego mechanizmu albo ignorujemy sygnały pochodzące z ciała.

Szukając czynności, które wzmacniają nasze dobre samopoczucie, należy obserwować, co przyciąga naszą uwagę, co nas interesuje i co wyzwala wzrost energii.

Następnie we własnym tempie warto korzystać z podpowiedzi ciała (lub podświadomości), a następnie wprowadzać je w życie. Do jakich czynności nas ciągnie i czego chcielibyśmy spróbować? Postarajmy się zapisywać w swoim dzienniczku to, co wybraliśmy, i nie zmieniać planów, jeśli ktoś w tym czasie o coś nas poprosi. Tym razem priorytetem mamy być my. W końcu zobaczmy, jak takie postępowanie zaczyna powoli zmieniać głęboko przez nas skrywane przekonania o własnej wartości.

Oceń swój dzień

Na kursie medytacji mindfulness było jedno ćwiczenie, które szczególnie mi się spodobało – „Oceń swój dzień". Pokazywałam je później wielu moim pacjentom, którzy uważali, że jest niezwykle proste, ale nadzwyczaj efektywne. Oto, jak należy je wykonać:

- Sporządź listę każdej czynności i zadania, jakie wykonałeś/aś w ciągu dnia, i opisz, czy było wyczerpujące, wymagało opanowania odpowiednich kompetencji albo sprawiło ci przyjemność. Należy dopisać literę W (przy czynnościach wyczerpujących), O (przy wymagających opanowania), oraz P (przy sprawiających przyjemność).

- Następnie zastanów się, jak można zmienić czynności oznaczone literą W, by ich wykonanie stało się przyjemne albo żebyś chociaż mógł/mogła powiedzieć, że czujesz opanowanie, wykonując je.

Uczestnicy kursu wymyślali różne rozwiązania. Ciekawe, że to, co dla jednych było przyjemne, dla innych okazywało się wyczerpujące. Na przykład, wiele osób uznawało odpowiadanie na e-maile i samo ich czytanie za wyczerpujące, inni czuli się dobrze, wykonując tę pracę. Jedna z kobiet powiedziała nawet, że lubi odpowiadać na e-maile, bo nigdy nie wie, kto się może z nią skontaktować i jakie niespodzianki i wyzwania czekają na nią po otwarciu skrzynki. Inny przykład to dojazdy do pracy. Wiele osób postrzegało je jako wyczerpujące, ale ktoś stwierdził, że jeśli słucha się ulubionej muzyki lub czyta ciekawą, kupioną dla przyjemności książkę, to stają się one miłe. Niektórzy byli zdania, że warto wstać wcześniej niż zwykle, aby z przyjemnością smakować swój ulubiony poranny napój, wziąć prysznic, natrzeć się pachnącym żelem do kąpieli, nasmarować ciało balsamem, popatrzeć na otaczającą nas przyrodę, jeśli tylko jest okazja, posłuchać śpiewu ptaków, kiedy wychodzi się z domu o poranku…

W wielu spostrzeżeniach pojawiały się doznania zmysłowe, korzystanie ze wszystkich pięciu zmysłów. Często zdajemy się nie dostrzegać zmysłu powonienia, dotyku, smaku i słuchu, ponieważ zwykle skupiamy się na sile wzroku. Często zaciskamy zęby, wyłączamy świadomość sensoryczną i po prostu robimy rzeczy, jakie mamy do zrobienia, pozbawiając się w ten sposób bogatych doznań, a nawet przyjemności, które są na wyciągnięcie ręki.

Porozmawiaj z dzieckiem, które w tobie drzemie

W ten sposób powracamy do tego, co radziła w opisanym wcześniej programie telewizyjnym (patrz s. 141) starsza zakonnica pewnej zdesperowanej kobiecie, ale idziemy o krok dalej. Teraz trzeba się połączyć ze swoim wewnętrznym dzieckiem i zachowywać tak, jakby ta mała osóbka znajdowała się w tym samym pomieszczeniu co my.

Ja po raz pierwszy starałam się to zrobić za radą mojej promotorki w klinice, dr Lynne Jordan. Opowiadałam jej o wyjątkowo złośliwej pacjentce, która tak bardzo mnie przerażała, że obawiałam się sesji z nią. Jednocześnie czułam, że bardzo potrzebuje mojej pomocy, bo była niezwykle cierpiąca i zasługiwała na tę pomoc. „To drzemiące w tobie dziecko boi się jej", stwierdziła Lynne. „Co możesz mu powiedzieć, by się uspokoiło przed przyjściem tej pacjentki?". Cóż za irracjonalne pytanie, pomyślałam (w końcu tłumienie tego typu spostrzeżeń to specjalność Miłych). „Nie mam pojęcia", odpowiedziałam. „Może coś takiego: Za chwilę przyjdzie tutaj przerażająca pacjentka, więc może udasz się do innego pokoju, a ja się nią zajmę", jak zawsze zwyczajnie i wprost zaproponowała Lynne.

Wyszłam od niej nieprzekonana do tego rozwiązania. Jednak skorzystałam z jej rady tydzień później, myśląc, że przecież nic nie stracę, kiedy spróbuję tak właśnie zrobić. Posłusznie więc zwróciłam się do drzemiącego we mnie dziecka (wyobraziłam sobie siebie w wieku trzech lat), mówiąc, że ja porozmawiam z tą straszną panią, a mała Jacqui niech w tym czasie pójdzie się pobawić czy zdrzemnąć do drugiego pokoju. I wiecie co? Warto było. Myślę, że dzięki temu odizolowałam pewną część mózgu, którą nazwałam Dziecięcy Strach (odpowiadającą za ogromny strach przed gniewem, konfliktem, konfrontacją i brakiem akceptacji), od zdolności racjonalnego sposobu myślenia dorosłego. Dzięki temu mogłam usiąść w moim gabinecie i skorzystać z nabytych w dojrzałym wieku umiejętności, szkoleń i nauki, podczas gdy mała, przestraszona Jacqui siedziała bezpieczna w drugim pokoju.

Od tamtej chwili dzieliłam się ze swoimi pacjentami tym doświadczeniem, ponieważ wiele osób cierpiących na syndrom Bycia Miłym przejawia w pracy różne odmiany Dziecięcego Strachu. Mogą teraz przemawiać do swojego wewnętrznego dziecka łagodnym tonem, aby je uspokoić i ukoić, co uznają za bardzo skuteczną strategię. Jednak tym Miłym, dla których najtrudniejszy jest okres, kiedy byli nastolatkami, polecam zwracanie się do drzemiącego w nich nastolatka.

Sarah rozmawia z tkwiącą w niej nastolatką

Sarah, którą poznaliśmy w rozdziale drugim, czuła, że utknęła gdzieś ze swoim życiem, częściowo z powodu ograniczających ją przekonań nabytych w trudnych latach dojrzewania. Była wtedy „miłą, ale grubą przyjaciółką", która zawsze zakładała, że chłopcy rozmawiają z nią tylko ze względu na jej bliskie relacje z piękną i atrakcyjną koleżanką. Podczas którejś sesji zdecydowała się porozmawiać ze sobą jako piętnastolatką i sprawdzić, czy uda jej się coś zmienić po tej rozmowie.

Tak jak większość pacjentów, którym proponuję to zrobić, Sarah była zażenowana i na początku sceptyczna. Poprosiłam ją, by sobie wyobraziła siebie w wieku piętnastu lat, usiadła na wolnym krześle, zamknęła oczy, zwizualizowała całą tę sytuację i porozmawiała z tkwiącą w niej młodą Sarah. „Czy możesz powiedzieć jakieś trzy miłe słowa na jej temat?", zapytałam. „Szanująca innych, otwarta, całkiem pozytywna osoba", szybko odpowiedziała. Myślałam, że powie coś więcej, i rozwinęłam pytanie. „Siedząca tam piętnastoletnia Sarah chce wiedzieć, co chłopcy mogliby w niej dostrzec. Jako jej matka chrzestna co możesz jej doradzić?". Roześmiała się wówczas i dodała: „Sarah, poradzisz sobie w życiu, wszystko będzie dobrze. Uroda nie jest najważniejsza. Masz w sobie pasję, radość, jesteś interesująca. Ludzie cię lubią i to cię bardzo daleko zaprowadzi".

Sarah przyznała później, że było to jedno z najtrudniejszych dla niej zadań. „To było okropnie bolesne doświadczenie, ale starałam się z niego wynieść wiele pozytywnego. Wyobraziłam sobie tę nastolatkę jako zupełnie odrębną osobę, której pragnę pomóc".

Sarah zaczęła intensywnie ćwiczyć, przestała pić alkohol. Jej nowym celem stało się wypicie w miłym towarzystwie drinka, a nie wychodzenie z imprezy jako ostatnia. „Mówiłam ludziom, że Pinot Grigio to moje drugie imię, bez którego nie istnieję, choć wcale tak nie myślałam. Jednak nadal mam duże poczucie humoru. W pracy ludzie mnie lubią i wiem, że coś wnoszę do tego towarzystwa". Zapisała się też do klubu biegaczy, gdzie bardzo powoli zaczęła dostrzegać, że niektórzy mężczyźni się nią interesują, mimo jej całkowitej trzeźwości, uwypuklającego tuszę stroju do biegania i spływającego po czole potu.

Rozmowa z tkwiącym w nas dzieckiem bądź nastolatkiem nie jest trikiem do jednorazowego zastosowania podczas terapii. W momentach, gdy zbliża się napad lęku, istnieje duże prawdopodobieństwo, że wywołał go nasz Dziecięcy (lub nastoletni) Strach. Warto wówczas pamiętać o łagodnych słowach, które uspokoją owe tkwiące w nas dzieci i pozwolą dorosłemu mózgowi znaleźć rozwiązanie czy wyjście z trudnej sytuacji. Pewna moja przyjaciółka, która przeżywała wyjątkowo traumatyczne rozstanie i czuła się opuszczona i samotna, opowiedziała mi, że wsiadła do samochodu i wyobraziła sobie siebie jako siedzącą obok niej sześciolatkę (miała sześć lat, kiedy rozwiedli się jej rodzice). Wzięła się wtedy za rękę i łagodnie przemówiła: „No już, już. Nie martw się, wszystko będzie dobrze. Zaopiekuję się tobą”.

PODSUMOWANIE

W tym rozdziale opisałam wiele technik, które pomogą nam bardziej cenić siebie samych. Przytaczam je tutaj jeszcze raz:

- Pomyśl o tym, żeby sobie „odpuścić", okaż sam/a sobie miłość i życzliwość, które spodziewasz się otrzymać od innych.
- Postaraj się stworzyć pozytywne afirmacje o sobie samym/ej i powtarzaj je regularnie.
- Prowadź dzienniczek trzech dobrych rzeczy, by notować w nim pochwały dla siebie i to, co dobrego udało ci się zrobić.
- Pomyśl, jakie możesz sobie sprawić przyjemności i ciesz się nimi, *zapominając o poczuciu winy*.
- Zapisuj czynności przeprowadzone w ciągu dnia i określaj je jako: W – wyczerpujące, O – wykonane z opanowaniem i P – sprawiające przyjemność. Następnie zastanów się, co można zrobić, aby W bez większego wysiłku zamienić na O lub P.
- Postaraj się łagodnie porozmawiać z wewnętrznym, tkwiącym w tobie dzieckiem czy nastolatkiem, kiedy czujesz lęk lub samotność.

ROZDZIAŁ SIÓDMY

Przygotuj odpowiednie narzędzia

Jedna z moich pacjentek mówiła mi o trudnej rozmowie, którą powinna przeprowadzić. Chciała zgłosić zastrzeżenia do pewnego szkolenia przeprowadzanego przez jej firmę. Miała wrażenie, że bardzo źle przebiegło i podkopało jej wiarę w siebie. „Chciałabym złożyć skargę w dziale kadr, ale nie bardzo wiem, jak to dobrze i odpowiednio zrobić. Strasznie się boję, że zostanę źle zrozumiana i jakoś potem ukarana. Potrzebuję pani pomocy, bo muszę wybrać odpowiednie narzędzie z mojego zestawu".

Uznałam to za świetną metaforę, którą można wykorzystać w danej chwili. Zadałam pytanie, jakiego narzędzia potrzebowała do wykonania swojego zadania?

„To delikatna kwestia, więc potrzebuję czegoś delikatnego, jakiegoś małego śrubokręta. Tylko, że starając się znaleźć mały śrubokręt, boję się, że wyciągnę piłę łańcuchową i dopuszczę się jakiejś masakry. Krew będzie tryskać jak w jakimś horrorze!".

Istnieje pewien zestaw narzędzi pomocnych przy planowaniu i przygotowywaniu innego sposobu zachowania się i komunikowania. Kilka z nich już znamy, niektóre mogą być dla nas zupełnie nowe. Wybór zależy od nas, więc należy wybrać te, które wydają nam się najbardziej dostosowane do danej sytuacji. Należy tylko pamiętać, że mamy wybór, a cały zestaw narzędzi jest pod ręką.

ODWOŁAJ SIĘ DO NAJBARDZIEJ ODWAŻNEJ CZĘŚCI SIEBIE

Jednym z moich ulubionych ćwiczeń terapeutycznych jest analiza słabych i mocnych stron osobowości. Natknęłam się na nią, zgłębiając tajniki psychologii osobowości (rozwiniętej przez George'a Kelly'ego w latach sześćdziesiątych), i zmodyfikowałam nieco na potrzeby pracy z grupami więźniarek z Holloway.

Kluczową tezą Kelly'ego jest to, że mamy mocne strony, które zmieniają się w ciągu naszego życia, ale zawsze możemy się do nich odwołać, nawet jeśli przez jakiś czas pozostawały w uśpieniu lub kiedy nie odczuwaliśmy ich siły. Ćwiczenie pomaga wyodrębnić te cechy oraz spisać je, aby w chwilach kryzysu mieć do nich dostęp. W pewien sposób jest to podobne do prowadzenia dzienniczka trzech dobrych rzeczy, o którym pisałam w poprzednim rozdziale, z tą różnicą, że teraz odwołujemy się do przeszłości, a nie do teraźniejszości.

Pomyślmy o tych momentach z przeszłości, kiedy zrobiliśmy coś, z czego jesteśmy dumni, nawet jeśli komuś innemu mogłoby się to wydawać niezbyt istotne. Może to być pomoc przyjacielowi, rozwiązanie jakiejś trudnej kwestii, umieszczenie naszej pracy plastyczniej w gablocie szkolnej. Postarajmy się znaleźć choć trzy takie przykłady, a następnie zapiszmy obok nich te nasze cechy, które umożliwiły skuteczne działania. Zawsze się coś takiego znajdzie, zapewnia autor tej teorii. Na przykład, kupując i czytając tę książkę, próbujesz, czytelniku, coś zmienić w swoim życiu, gdyż najwyraźniej nie jesteś z niego zadowolony. Te starania dowodzą odwagi, zaangażowania i determinacji. Nie pozwól, aby wewnętrzne krytyczne głosy przeszkodziły ci w realizacji celów.

ZAGRZEWAJ SIĘ DO WALKI

Chodzi o przekucie mocnych stron w proste, mobilizujące afirmacje, dostosowane do okoliczności. Jakie zdanie czy hasło sobie powtarzasz przed trudną rozmową przez telefon, kiedy masz do czynienia z osobą ci niechętną lub znajdujesz się w sytuacji wymagającej od ciebie większej asertywności?

Jedna z uczestniczek moich warsztatów, kiedy spotykała się z wyjątkowo uciążliwym dostawcą usług, powtarzała w myślach następujące zdanie: „Daj spokój, przecież sobie poradzisz! Mogłabyś być jego matką. Będzie dobrze". Kilku innych przypomniało sobie kogoś, kto zawsze ich wspierał (jak Kirsty swoją babcię w ćwiczeniu „Osłabiaj swoje krytyczne głosy"), pomagając sobie afirmacją: „Jesteś świetna! Dasz radę! Spróbuj!". Pomocne może okazać się również przypomnienie o Karcie Praw Podstawowych, o której mówiliśmy w rozdziale piątym. Powtarzanie sobie: „Mam prawo postawić siebie na pierwszym miejscu" czy „Mam prawo powiedzieć nie", może być niezwykle skuteczne w krytycznych momentach.

JĘZYK CIAŁA

Badania pokazują, że odczytujemy więcej informacji z mowy ciała niż z komunikacji werbalnej. Pionier w badaniu mowy ciała, Albert Mehrabian twierdził, że 55 procent komunikacji odbywa się poprzez mowę ciała, 38 procent przebiega głosowo (szczególnie chodzi tu o ton głosu), a tylko 7 procent stanowią słowa. Kiedy więc zastanawiamy się nad powiedzeniem czegoś innego niż zwykle, odbiegającego od naszego normalnego sposobu komunikacji, co trudno nam przychodzi, to skupmy się na komunikacie wysyłanym przez wyraz twarzy, język ciała i głos, zanim zaczniemy szukać odpowiednich słów do sformułowania swoich myśli.

Postawa

Jeśli stoi się prosto i patrzy ludziom w oczy, wówczas można poczuć większą pewność siebie i promieniować tą pewnością. Kiedy czeka nas trudna rozmowa telefoniczna, warto spróbować ją przeprowadzić na stojąco. To pozwoli poczuć się silniejszym, co bez wątpienia przełoży się na przekonujący i pewny ton głosu. Podobnie, jeśli szef podejdzie do naszego biurka, dobrze jest wstać i rozmawiać z nim oko w oko, spokojnie, bez skrępowania.

W moich grupach w Holloway robiliśmy podczas kursu asertywności ćwiczenie, które polegało na tym, że jedna kobieta spacerowała po sali zgarbiona, ze wzrokiem utkwionym w podłogę, a pozostałe chodziły wyprostowane, próbując nawiązać z nią kontakt wzrokowy. Jak mówiły mi później, zauważyły różnicę w ciele: czuły się lepiej, silniej i bardziej pewne siebie, kiedy chodziły po sali, udając, że takie właśnie są. „Udawaj, zanim się taką staniesz, prawda?", podsumowała jedna z nich (nie bez cienia ironii, gdyż odbywała karę za oszustwo).

Na kursach dla rodziców, na które uczęszczałam, kiedy moje dzieci były małe, uczono podobnej postawy w celu zakomunikowania dzieciom własnego autorytetu i stabilności. „Wyobraź sobie, że jesteś silnym, potężnym drzewem lub skałą", mówił trener. „Stój stabilnie, jak zakorzeniony w ziemię, i poczuj siłę". Ja osobiście uważam przykład z drzewem za niezwykle przydatny i obrazowy, bo przecież będąc stabilnie zakorzenionym, jest się jednocześnie nieco elastycznym. Jeśli ktoś chodził na kursy aktorskie, pracy z ciałem, taniec, jogę czy pilates, pewnie zna ćwiczenie polegające na wciąganiu powietrza i podciąganiu mięśni brzucha, ściąganiu łopatek i wyobrażaniu sobie, że „złota nić", która dźwiga głowę, wyciąga do góry i prostuje całe ciało. Można skorzystać z tej metody lub każdej innej, która jest dla nas najlepsza.

Mikrosygnały

Chodzi o sygnały, których wypatrują policjanci podczas przesłuchań lub gracze w pokera, by sprawdzić, czy druga strona mówi prawdę. Z niewielkich, zachodzących na twarzy zmian, szczególnie w oczach, kiedy można dostrzec w nich pewną niestałość czy sprzeczność, dobrzy obserwatorzy potrafią wywnioskować, że istnieje rozbieżność pomiędzy tym, co ludzie mówią, a co naprawdę myślą.

Kiedy masz trudność z przekazaniem pewnych informacji, spróbuj zapanować nad mimiką twarzy i mową ciała, by nie kłóciły się one z tym, co chcesz powiedzieć. Staraj się nie rozglądać na boki, aby utrzymać stały kontakt wzrokowy z rozmówcą, nie dotykając przy tym rękami ust czy uszu. Kilka głębszych oddechów powinno pomóc ci pozbyć się napięcia z twarzy, oczu i szczęki.

Uśmiechy rozdawaj racjonalnie

Jednym z najbardziej znaczących mikrosygnałów, które mogą sugerować, że nie mówimy dokładnie tego, co mamy na myśli, jest uśmiech. Nie jest moim celem przekonanie czytelników, by się nie uśmiechali. Prawdopodobnie zresztą każdy z nas uważa, że uśmiech jest jego atutem i często pewnie o tym słyszymy. Również ja przez większość życia wiecznie się uśmiechałam i zapewne to otworzyło mi wiele drzwi. (Muszę jednak przyznać, że wydałam majątek na kremy przeciwzmarszczkowe, ponieważ kurze łapki na trwałe zagościły na mojej twarzy i wokół ust).

Większość Miłych ma tendencje do wiecznego uśmiechu. Zgodnie z głęboko zakorzenionym przekonaniem wydaje się nam, że dzięki uśmiechowi zdobędziemy to, na czym nam zależy, bo przecież: uśmiecham się, więc lubisz mnie, będziesz dla mnie miły i mi pomożesz. Mamy też świadomość, że uśmiech sprawia, iż ludzie czują się bezpiecznie. Z pewnych badań wynika, że ma to swoje ewolucyjne wytłumaczenie. Małpy cofały górną wargę, odsłaniając zęby, co było sygnałem dla otoczenia, że nie stanowią zagrożenia i nie chcą walczyć – czyli był to niewerbalny przekaz poddania się.

Nie ma więc nic złego w uśmiechu, należy jednak pamiętać, że są też inne opcje do wykorzystania. Czy możesz uśmiechać się tylko wtedy, *kiedy naprawdę tego chcesz*? A co ważniejsze: Czy możesz nie uśmiechać się, *kiedy tak naprawdę nie masz na to ochoty*?

Kiedy moja przyjaciółka Hilary uczestniczyła w kursach dla nauczycieli, ostrzegano ich, że zbyt częste uśmiechanie się w klasie może sprawić, że uczniowie wyczują „miękkość" nauczyciela, przez co szybko można stracić autorytet i kontrolę, które później bardzo trudno jest odzyskać. Poradzono im więc, by kontrolowali swoją mimikę podczas lekcji. Hilary zapamiętała też inną, bardzo przydatną radę, szczególnie ważną dla początkujących nauczycieli: „Nigdy nie uśmiechaj się przed Świętami Bożego Narodzenia". Sprowadzało się to do tego, że jeśli rok szkolny zaczyna się we wrześniu, w pierwszym semestrze należy pokazywać bardziej asertywną, ostrzejszą wersję siebie, aby zdobyć autorytet i szacunek. A potem, w drugim semestrze, można już spróbować bardziej być sobą i częściej się uśmiechać. Hilary, która z natury jest bardzo entuzjastycznie nastawiona do życia i dużo się uśmiecha, uznała tę radę za bezcenną. „To częsta i znana praktyka wśród dzieci i młodzieży, by stosować próbę sił. Tym bardziej więc używanie języka ciała, by i w ten sposób pokazać autorytet, pomogło mi utrzymać kontrolę w klasie", dodała jeszcze.

Na kursach dla rodziców można dostać podobne rady. „Udaj, że jesteś rozgniewany/a, zanim rzeczywiście się zdenerwujesz", mówiła Tamara, prowadząca kursy, na które chodziłam. „Kiedy naprawdę jesteśmy rozgniewani, tracimy nad sobą kontrolę, co przeraża zarówno nas samych, jak i dzieci, które czują niebezpieczeństwo w nieprzewidywalnym zachowaniu dorosłych".

W trakcie kursów odgrywaliśmy różne scenki. Ja na przykład starałam się powiedzieć zdecydowanym tonem: „Do łóżka. Natychmiast", po czym zepsułam ten przekaz, dodając do niego błagalny uśmiech. „Wysyła pani sprzeczne informacje, uśmiechając się na koniec", uświadomiła mi Tamara. „Nie musi być pani niemiła czy nieprzyjemna. Wystarczy przekazać polecenie spokojnym tonem, bez emocji. I nie uśmiechać się na koniec. Ma pani mówić, a nie prosić, żeby dziecko zrobiło to, co pani mówi". Na początku to było dla mnie i dla wielu uczestników kursu niezwykle trudne. Jednak kiedy poćwiczyłam, a szczególnie gdy dołączyłam do przekazu słownego odpowiednią postawę (jestem skałą) oraz technikę zaciętej płyty (patrz s. 184), stało się to zaskakująco łatwe i bardzo efektywne.

Teraz, po piętnastu latach, kiedy do naszych dzieci przychodzą w odwiedziny ich koledzy i zostają na noc, ja, przybierając poważny wyraz twarzy, krótko i spokojnie przedstawiam panujące w domu reguły. I wszystkie dzieci to akceptują i dobrze odbierają. Wiedzą, na czym stoją, to jest pewnie lepsze niż spotkanie krzyczącej, pozbawionej snu mamy, kiedy o trzeciej nad ranem zechcą wziąć sobie coś z lodówki.

KOMUNIKACJA WERBALNA

Koniec z wodolejstwem

Staraj się być bezpośredni/a i skończyć z wodolejstwem oraz owijaniem w bawełnę. Czasem mylimy wyrażanie się jasno i wprost z nieuprzejmością i chamstwem. Żyjemy w kulturze, gdzie komunikacja nie wprost często jest normą (szczególnie w przypadku kobiet): podteksty, wywoływanie poczucia winy i oczekiwanie od innych, by odpowiadali na nasze niewypowiedziane potrzeby. Może to być nawet dąsanie się, narzekanie czy sarkazm, mimo że to wcale nie leży w naszej naturze. I często ostatnią rzeczą, jaką robimy, jest jasne *wyartykułowanie*, o co nam chodzi.

Często sama tak się zachowywałam, kiedy miałam coś trudnego do przekazania innej osobie, czy kiedy chciałam kogoś o coś poprosić. Moja terapeutka Jocelyn Chaplin była pierwszą osobą, która (spokojnie i jasno) wytknęła mi to. Kiedyś, chcąc zmienić godzinę sesji, przez dziesięć minut opowiadałam z przejęciem jakąś przydługą historię, że muszę odwieźć na lotnisko syna, który jedzie do swojego kolegi do Hiszpanii i tak dalej, i tak dalej... Cały czas patrzyłam w podłogę i na boki, unikając kontaktu wzrokowego z Jocelyn, niekiedy zatrzymując wzrok na jej twarzy i uśmiechając się przepraszająco. Kiedy już skończyłam opowiadać swoją historię, ona popatrzyła mi w oczy i powiedziała: „Jacqui, zupełnie nie wiem, o co mnie prosisz". Pewnie wyglądałam wówczas na zbitą z tropu i czuć było mój smutek, więc dodała łagodnym głosem: „O co chcesz mnie poprosić? Możesz to jasno wyrazić?". Chwilę się zastanowiłam. (Terapia ma tę wielką zaletę, że w bezpiecznym miejscu można spróbować postąpić inaczej niż zwykle, a szczególnie dotyczy to komunikowania się i relacji z ludźmi). Zdałam sobie sprawę, że wydawało mi się ryzykowne zwrócenie się do niej bezpośrednio, zakładając że może być na mnie zła za taką prośbę. Wzięłam więc kilka głębszych wdechów i ułożyłam sobie w głowie to, o co chciałam ją poprosić – w jednym krótkim, jasnym zdaniu – i w końcu powiedziałam: „Jocelyn, czy możemy przełożyć nasze spotkanie w przyszłym tygodniu i spotkać się nieco później, czyli po pierwszej?". O ile pamiętam odmówiła, twierdząc że to niemożliwe, ale przecież ja mogę je odwołać.

Rozmawiałyśmy później o reakcjach ludzi na nasze pokrętne tłumaczenia, owijanie w bawełnę czy powoływanie się na nieważne sprawy, kiedy prosimy o coś bądź odmawiamy zrobienia czegoś. (Należy samemu wczuć się w taką sytuację i zastanowić, co byśmy zrobili po wysłuchaniu czyjejś odmowy zrobienia czegoś lub prośby o spełnienie czegoś, przedstawionej w bardzo zagmatwany sposób). Często przecież nie wiadomo, jak się wtedy zachować i co zrobić. Jeśli ktoś pokrętnie coś do nas mówi, czasem nawet nie bardzo wiemy, o co mu chodzi, tracimy wątek główny, czujemy znużenie, a nasze myśli zaczynają błądzić wokół planów na wieczór.

Znajdź właściwe słowa

Wiele problemów z odmawianiem komuś czegoś, proszeniem kogoś o coś, wynika z nieznajomości odpowiednich słów, których chcielibyśmy wtedy użyć, lub też z małej praktyki ich wypowiadania.

Ostatnio spotkałam starą znajomą, bardzo dynamiczną i odnoszącą sukcesy bizneswoman. Przez osiemnaście lat naszej znajomości brała udział w rozmaitych przedsięwzięciach, zakładała firmy, zatrudniała wiele osób. Właśnie szła na spotkanie z nowym klientem, któremu zależało na jej konsultacji. „Ile chcesz mu zaśpiewać?", zagadnęłam. Wydawała się zażenowana i zaskoczona moim pytaniem, zupełnie jak mała dziewczynka. Zapadła niezręczna cisza, a ona wbiła wzrok w podłogę. „Nie omówiłaś z nim tej kwestii?", zapytałam z niedowierzaniem. „Nie umiem tego zrobić", przyznała. „Nie mam żadnych problemów, żeby negocjować stawki dla innych ludzi, ale sama dla siebie nie jestem w stanie tego zrobić".

Zaproponowałam jej odegranie jednej scenki i poprosiłam, aby spokojnie powiedziała coś w stylu: „Obecnie biorę pięćset funtów za dzień konsultacji". Nie było jednak możliwości, by sformułowała to w ten sposób, więc stanęło na kompromisowym pytaniu: „Ile się pan spodziewa zapłacić za taką pracę?". Ponieważ nie mogło jej przejść przez gardło słowo „płacić", uzgodniłyśmy, że zapyta: „Jaka według pana jest dzienna stawka za tego typu pracę?". Napisała mi później SMS, że spotkanie gładko się potoczyło i stosunkowo łatwo udało jej się odtworzyć pytanie z naszej scenki. „Najgorszy jest ten pierwszy raz, kiedy słowa grzęzną w gardle, ale jak już przejdą, potem jest coraz łatwiej".

Ton głosu

Ton głosu jest niezwykle ważny, ponieważ przekazuje wiele treści metakomunikacyjnych, które wybiegają daleko ponad to, co wyrażają słowa. Weźmy taki przykład: musisz powiedzieć mamie/przyjaciółce/siostrze/żonie, że nie możesz przyjść na ważne spotkanie rodzinne. Jeśli powiesz: „Chciałabym porozmawiać z tobą o kolacji urodzinowej Joe'ego..."

pełnym wahania, przepraszającym czy pojednawczym tonem, wówczas natychmiast tworzysz taką atmosferę, że twoja rozmówczyni zacznie cię przekonywać, że powinnaś przyjść, wywoływać w tobie poczucie winy i namawiać, byś jednak zmieniła zdanie. Postaraj się więc przekazać ten sam komunikat spokojnie, ale wyraźnie, z przekonaniem w głosie. Czy w takiej sytuacji nawet sama nie byłabyś w stanie lepiej zareagować i zaakceptować to, co mówisz? Można też kierować się radami przedstawionymi poniżej: (patrz „Grzeczne odmawianie"). Wówczas istnieje duże prawdopodobieństwo, że zostaną zaspokojone twoje potrzeby, nie będziesz miała poczucia winy, bo każda ze stron będzie na lepszej pozycji. Albo przynajmniej osiągniesz to, co chciałaś, bez zbytniego poczucia winy.

Wszystkie strategie komunikacyjne wymagają praktyki i z czasem stają się coraz bardziej skuteczne. Jeśli to możliwe, trenuj przed lustrem, co chcesz powiedzieć, albo zadzwoń do zaufanego przyjaciela i przećwicz to z nim.

Grzeczne odmawianie

Większość Miłych zmaga się z problemem odmawiania. Wszystko z powodu strachu przed powiedzeniem

„nie". A ponieważ unikamy strachu, to jeszcze bardziej go w sobie potęgujemy.

Prowadziłam kiedyś warsztaty, których uczestnicy mieli za zadanie chodzić po pokoju i mówić „nie" w momencie, gdy natykali się na inną osobę. Im dłużej spacerowali, tym bardziej ich opór przed mówieniem „nie" malał, a w końcu to „nie" wręcz zaczynało sprawiać im przyjemność. Przy tym ćwiczeniu w sali wyraźnie wzrósł poziom energii.

Polecam wykonanie podobnego zadania. Należy stanąć przed lustrem i, patrząc sobie w oczy, powiedzieć „nie". Spróbuj wypowiadać je różnym tonem głosu, pobaw się. Zobacz, o ile skuteczniejsza od uśmiechu okazuje się poważna mina. To pomoże ci przełamać własny opór przed odmawianiem.

Teraz warto pójść o krok dalej i zapoznać się ze skutecznymi metodami odmawiania. Ja nazywam to „grzecznym odmawianiem", gdyż uważam, że grzeczność to cecha dobrego wychowania, na czym wielu z nas zależy. Dobrze pamiętam, kiedy po raz pierwszy zaobserwowałam kogoś, kto korzystał z tej metody, co wywarło na mnie ogromne wrażenie, wyzwoliło mnie. Byłam w odwiedzinach u przyjaciela, który organizował medialną obsługę dużego wydarzenia sportowego. Kiedy pokazywał nam studio telewizyjne, ustawienia kamer, odebrał telefon. „Bardzo dziękujemy, że państwo o nas pomyśleli", słyszałam, jak szczerze i z przekonaniem powiedział. Po czym dodał: „Jednak tym razem nie będziemy mogli wziąć udziału w państwa przedsięwzięciu. Życzymy powodzenia". Zapytałam, kto to dzwonił. „Gazeta «The Sun». Chcieli tu przyjść i zrobić kilka zdjęć nagim dziewczynom", odpowiedział ze spokojem. A ponieważ nie chciał, aby organizowane przez niego wydarzenie kojarzyło się z modelkami topless, grzecznie odmówił gazecie. „Ależ byłeś uprzejmy i miły", zauważyłam z podziwem. „Maniery nic nie kosztują, a nigdy nie wiadomo, kiedy będzie się potrzebowało pomocy".

A oto, jak można uprzejmie odmówić:

- **Podziękuj danej osobie, że pomyślała o tobie**. Jeśli rozmawiamy przez telefon, należy wziąć głęboki oddech i po prostu wypowiedzieć grzecznie krótkie podziękowanie. Jeśli jesteśmy na spotkaniu z tą osobą, trzeba być opanowanym i patrzeć jej w oczy, a przynajmniej nie uciekać od niej wzrokiem.
- **Uprzejmie, ale stanowczo odmów**. Mówić należy krótko. Niektórzy twierdzą, że nie można przepraszać, ani się tłumaczyć. Ja jestem trochę innego zdania i uważam, że grzeczniej byłoby przeprosić. Można też użyć sformułowania mojego

przyjaciela: „Tym razem nie będziemy mogli wziąć udziału w tym przedsięwzięciu". Jeśli to pomaga, można nie odpowiadać od razu, ale obiecać że oddzwonisz, jak porozmawiasz z rodziną albo sprawdzisz w kalendarzu, czy możesz przyjść. Można też odpowiedzieć wymijająco na przykład: „Jeszcze nie wiem, co będę robić, muszę się zastanowić", i tym podobne. Ważne jednak, aby w obu przypadkach powiedzieć danej osobie, kiedy da się jej znać i dotrzymać słowa.

- **Postaraj się znaleźć wyjście z sytuacji, by pozytywnie zakończyć daną kwestię.** Jeśli na przykład chodzi o udzielenie wsparcia czy pomocy, możesz zaproponować kogoś, kto ciebie w tym zastąpi. „W tym roku nie mogę poprowadzić stoiska ze słodyczami, ale wydaje mi się, że Betty Smith mogłaby pomóc". *Nie* proponuj tego typu rozwiązań, jeśli nie masz całkowitej pewności, że wymieniona osoba rzeczywiście chce i może pomóc. W innym przypadku ryzykujesz, że ściągniesz na siebie jeszcze większe problemy. (Kiedyś to Betty Smith zadzwoni do ciebie wściekła). Można również zaproponować przełożenie danej sprawy w czasie, mówiąc: „Chętnie spotkam się z tobą później, gdyż teraz mam mnóstwo pracy". Tylko należy to zaproponować wyłącznie wtedy, gdy rzeczywiście mamy ochotę na takie spotkanie, inaczej tylko odsuniemy problemy w czasie. Jeśli natomiast nie ma innej możliwości, aby w czymś uczestniczyć, zawsze wzorem mojego przyjaciela można powiedzieć coś miłego, życzyć udanego przedsięwzięcia czy dobrej zabawy.

- ***Nie przedłużaj rozmowy i nie daj się przekonać!*** To tak ważna zasada, że zapisałam ją wytłuszczonym drukiem, kursywą i dodałam wykrzyknik, co rzadko mi się zdarza. Czy to będzie rozmowa przez telefon, czy podczas spotkania z kimś, staraj się szybko i grzecznie ją zakończyć, zanim twój rozmówca nie wyczuje w twoim głosie poczucia winy i zakłopotania i nie zacznie przekonywać cię do zmiany zdania wytaczanymi argumentami czy manipulacją.

Jessica, Miła koleżanka, uznała taktykę grzecznego odmawiania za szczególnie przydatną w kontaktach z roszczeniowymi kolegami. „Przeważnie, zgodnie z prawdą, mówię, że nie lubię odmawiać, ale jednocześnie mam tyle innych zobowiązań, że nie dam rady zrobić tego, o co mnie proszą. Niektórzy nie chcą odpuścić, jednak większość bardziej wyrozumiałych kolegów przyjmuje ten argument, wie, że to prawda i akceptuje moją odmowę".

TECHNIKA ZACIĘTEJ PŁYTY

Jeśli ktoś pamięta jeszcze czasy, kiedy płyty winylowe były jedynym nośnikiem odtwarzania muzyki, przypomni sobie zapewne, że kiedy jego ulubione płyty zarysowały się, to w tych miejscach zatrzymywała się igła adaptera, odtwarzając cały czas ten sam fragment. To samo dzieje się z płytami CD, więc większość czytelników powinna wiedzieć, co mam na myśli, mówiąc o technice zaciętej płyty. Chodzi mi o te chwile, gdy zaczynamy powtarzać komuś wciąż tę samą kwestię, by jasno przekazać nasz komunikat. Dobre w takim podejściu jest to, że zachowujemy spokój, i nie dajemy się zbić z tropu naszemu rozmówcy przy jego kolejnej próbie przekonania nas do zmiany zdania.

To kolejna technika wyniesiona przeze mnie z kursu dla rodziców. Pamiętam pewną scenkę, w której miałam odegrać matkę proszącą swoje dziecko o włożenie butów, gdyż czas biegł nieubłaganie i naprawdę należało wyjść z domu do szkoły. Miałam stać, w zdecydowanej postawie (jak skała) i spokojnie powiedzieć: „Włóż, proszę, buty, musimy już wyjść do szkoły". Dorosły mężczyzna, który wcielał się w rolę mojego syna, udawał, że nie słyszy, co do niego mówię i dalej się czymś bawił. „Włóż, proszę, buty", powtarzałam, starając nie zmieniać tonu głosu. Następnie, co jakiś czas powtarzałam tylko „buty... buty... buty", zupełnie jak zacięta płyta, cały czas nie podnosząc głosu. Pomogło to w przypadku mojego partnera, który w końcu włożył buty, a ja nie dałam się zdenerwować, zachowałam zimną krew, co bardzo mi się podobało. No tak, pomyślałam zaraz: udało mi się podczas odgrywanej scenki, ale codzienność domowa to zupełnie inna sprawa. To nie wyjdzie z dzieckiem. Tymczasem wyszło. Może nie od razu w stu procentach, ale ta technika okazała się bardzo skuteczna, bo stałam się bardziej zrównoważona i awantura nie kończyła się tym, że krzyczałam. W końcu nie pocieszałam po całej awanturze dziecka, które wybuchało płaczem z powodu niekontrolowanego wybuchu złości swojej matki, co zwykłam była robić wcześniej.

Wielu moich pacjentów wykorzystywało tę technikę, uważając ją za niezwykle skuteczną przy planowaniu trudnych rozmów. Należy tylko panować nad tonem głosu, unikać sarkazmu, uprzejmie słuchać, co mówi druga strona, ale trzymać się tego, co my chcemy przekazać.

Jessica podała mi następujący przykład skorzystania z techniki zaciętej płyty: „Koleżanka nalegała, abym w pewnej sprawie podjęła taką decyzję, która wpisywałaby się w jej kalendarz, ale odpowiedziałam, że muszę to przemyśleć, i zapytałam, czy mogę dać odpowiedź pod koniec tygodnia, a nie tego dnia. To było nawet zabawne, gdyż miałam wrażenie, że obie stosujemy technikę zaciętej płyty. Ona jeszcze przez chwilę usiłowała przekonać mnie, że muszę się zdecydować tego samego dnia, a ja obstawałam przy swoim, że mogę coś powiedzieć pod koniec tygodnia. W tym momencie pomyślałam, że się nie ugnę i nie odpuszczę. Nie chciałam jednak w nieskończoność ciągnąć tej wymiany zdań, więc zaproponowałam, żeby ona zajęła się swoją częścią projektu, by nie powodować opóźnień, a ja z końcem tygodnia dołożę swoją część. I ostatecznie się zgodziła. Pełen sukces!”.

Ja bym powiedziała, że Jessica połączyła technikę zaciętej płyty z kreatywnym rozwiązywaniem problemów, co zaowocowało dobrym kompromisem dla obu stron. W różnych sytuacjach są potrzebne różne narzędzia komunikacyjne i im bardziej odważnie będziemy eksperymentować, tym łatwiej będzie nam dobrać odpowiednie narzędzie – czasem śrubokręt, a czasem piłę elektryczną.

Technika zaciętej płyty, część druga – udzielanie trudnych odpowiedzi

Przywołany przeze mnie wcześniej przykład: „buty... buty... buty” okazuje się wyjątkowo skuteczny w przypadku małych dzieci, ale z nastolatkami, czy z osobami dorosłymi wchodzi w grę już interakcja, ponieważ mają argumenty, którymi kontratakują. I jeśli będziesz stać i powtarzać w kółko to samo zdanie, to upodobnisz się do systemu nawigacji samochodowej GPS, który nie ma już wiele wspólnego z opanowaną, asertywną osobą.

Po skończeniu trzech lat, każdy potrafi już coś komuś, odpowiedzieć, a nawet przytoczyć kontrargument i „wygrać" daną sytuację, jak pokazuje powyższy przykład z Jessiką. Każdy też może posłużyć się emocjonalną manipulacją („Ależ ja jestem biedny" patrz przetarg na nieszczęścia, s. 103), wykorzystać swój status („Jestem od ciebie ważniejszy"), zawstydzić („Inni by sobie bez problemu z tym poradzili") lub też, jak to nazywa Anne Dickson uciec się do „irrelewantnej logiki". Sztuka polega na tym, aby przyjąć do wiadomości, to co mówi druga strona, ale nie dać się zbić z pantałyku i trzymać się własnego przekazu. Nie należy zagłębiać się w *treść* czyjejś wypowiedzi, dyskutować, ale powiedzieć coś w rodzaju: „Widzę, że jesteś zestresowany/a tym, że trzeba robić wszystko to, co mówi szef, *ale*... (tu wstawić i powtórzyć zdanie jak z zaciętej płyty)". Nie jest to tak proste, jak się wydaje. Jednak z czasem wejdzie nam to w krew, staniemy się pewniejsi siebie, dzięki zdobywanemu doświadczeniu oraz umiejętnościom i wówczas będzie łatwiej.

Większość moich pacjentów i uczestników warsztatów (łącznie z kobietami z Holloway Prison) czuło siłę i nadzieję, korzystając z tej techniki, a kiedy już ją opanowali, osiągnęli sukcesy. Tak jak ja ze scenariuszem „buty", a Jessica ze swoim „Nie!". Ludzie są zaskoczeni i zdziwieni, kiedy zobaczą, że to działa i wówczas żałują, że nie zdobyli się na podobne próby wcześniej.

SPOSTRZEŻENIA NA TEMAT KANAPKI

Z tą techniką zapoznaje się ludzi, których obowiązki służbowe polegają na ocenianiu pracy innych. Jednak także ci, którzy wcześniej nie słyszeli o tej technice komunikacyjnej, uznają ją za niezwykle pożyteczną w swoim dossier umiejętności. Pomyśl o ocenie czegoś lub kogoś w słowach odnoszących się do kanapki, zrobionej z dobrego chleba i przełożonej pastą, którą należy doprawić. W tym wypadku chleb oznacza pozytywne stwierdzenia o danej osobie/sytuacji, które się ocenia, a pasta – ich umiejętności kwalifikacje, wywiązywanie się z pracy czy zadań, nad którymi trzeba się zastanowić, jak nad dopracowaniem pasty. Stąd pytanie: „Co można byłoby zrobić lepiej?".

Za przykład weźmy moją pacjentkę, o której pisałam na początku tego rozdziału. Chciała ona przekazać w dziale kadr swoje spostrzeżenia na temat szkolenia i zdecydowała się powiedzieć coś w rodzaju: „Jestem bardzo wdzięczna za zorganizowanie szkolenia. Tylko myślę, ze lepiej byłoby, gdyby trenerzy bardziej przyjrzeli się specyfice naszej pracy. Miałam wrażenie, że nie bardzo się w naszej branży orientują. Mam nadzieję, że ta opinia pomoże w przygotowywaniu przyszłych szkoleń. Jeśli to coś da, mogę spisać moje spostrzeżenia". Pacjentka uznała, że „mały śrubokręt" wystarczy. Uśmiechając się delikatnie, głęboko odetchnęła kilka razy i powiedziała wszystko spokojnym tonem.

CO ZROBIŁABY METTE?

Mam przyjaciółkę o imieniu Mette, która jest dla mnie absolutnym wzorem asertywności. Jak można zgadnąć po jej imieniu, pochodzi ze Skandynawii, a konkretnie z Danii, gdzie, jak sądzę, jasna i prosta komunikacja jest wprost normą kulturową. Podaję tu przykład prostolinijności i bezpośredniości Mette. Kilka lat temu pojechaliśmy rodzinnie na wakacje do niej. W godzinę po przyjeździe na miejsce spojrzała na mnie i powiedziała: „Byli u nas niedawno goście i prawdę mówiąc, mam dość gotowania, więc nie będę dla was gotować. Dookoła jest mnóstwo knajpek i jest gdzie zjeść. Możecie też brać z kuchni to, na co macie ochotę".

Muszę przyznać, że zszokowały mnie jej słowa. Czy kobiety *mogą sobie pozwolić* na powiedzenie czegoś podobnego?, pomyślałam zdumiona. Jednak z czasem zdałam sobie sprawę, że wspaniale spędzamy wspólnie czas, bo panowała swobodna atmosfera, nie było żadnych napięć, tarć, niedomówień, gdyż gospodyni była wypoczęta i nie miała do nikogo ukrytych pretensji. Ja pochodzę z rodziny, gdzie kobiety mają być podejmującymi wszelkie wyzwania kucharkami, które muszą się wykazać przed tłumem gości wspaniałymi potrawami, oczywiście wszystko musi być domowej roboty. Oczywiście ta ciężka praca jest okupiona napięciem i zmęczeniem. Co prawda potrawy są genialne, ale ich autorki bywają przemęczone i rozdrażnione. A to wpływa na atmosferę przy konsumpcji.

Szczerość Mette była więc dla mnie objawieniem. Od początku wiedzieliśmy wszyscy, na czym stoimy, i ta jasność była niezwykle wyzwalająca. Sama nigdy nie umiałabym postąpić tak jak ona (chociaż my, Marsonowie, jesteśmy przekonani, że pochodzimy w linii prostej od duńskich Wikingów). Lubię jednak o niej myśleć w sytuacji, kiedy chciałabym być bardziej bezpośrednia, szczera i móc powiedzieć, o co dokładnie mi chodzi. Co by zrobiła Mette?, zadaję sobie pytanie. Myśląc o jej możliwej odpowiedzi, uśmiecham się i czuję lekki lęk, gdyż ta odpowiedź jest daleka od tej, na jaką sama mogłabym się zdobyć na obecnym etapie mojej komunikacji. Jednak potem zadaję sobie pytanie, jak choć o krok zbliżyć się do odpowiedzi Mette? To bardzo mi pomaga i zadanie staje się łatwiejsze do wykonania. Wyobrażam ją sobie, jak stoi w tych swoich zabawnych ciuszkach i ze słodkim akcentem mówi to, co ja powinnam powiedzieć.

Czy ty też, czytelniku, masz taką osobę jak Mette, którą lubisz i podziwiasz za asertywność? Nie musi to być ktoś, kogo zna się osobiście. Jedna z moich pacjentek wybrała sobie Katherine Hepburn – charakterną postać filmu z lat pięćdziesiątych, a inna wybrała Indianę Jonesa. Kogokolwiek się wybierze, należy przywołać w myślach obraz bohatera w trudnych sytuacjach, kiedy chciałoby się zrobić lub powiedzieć coś zupełnie innego niż zwykle, udzielić innej – niż znaną Miłym – odpowiedzi. Czy jesteś w stanie choć o krok zbliżyć się w swoim postępowaniu do wybranej postaci? Jak wówczas brzmiałaby twoja odpowiedź?

CYBER RADA – MIŁY SMS I E-MAIL

Moi pacjenci komunikują się w większość drogą e-mailową, poprzez media społecznościowe, takie jak Facebook, i to tam asertywność jest im najbardziej potrzebna. Komunikacja w tych kanałach powinna przebiegać według znanych nam dobrze reguł, ale z powodu braku w niej metakomunikacji, czyli mowy ciała, nasz przekaz musi być bezpośredni. Najpierw więc trzeba pomyśleć, co się chce powiedzieć, czy o co zapytać, a następnie jasno to zakomunikować.

Moja znajoma, niezależna dziennikarka, w ramach eksperymentu zdecydowała się skończyć z uprzejmościami, przestać owijać w bawełnę, dodawać żarty i emotikony do e-maili i wiadomości tekstowych, ponieważ dołączanie ich męczyło ją i zabierało za dużo czasu. Wyznała później, że nie tylko zaoszczędziła sporo czasu, ale jeszcze zaowocowało to większym szacunkiem dla niej. „Komunikacja stała się rzeczowa, a odpowiedzi drugiej strony grzeczniejsze. Wcześniej bałam się tak robić, bo wychodziłam z założenia, że aby dostawać pracę, muszę być lubiana. Tymczasem druga strona po prostu chce mieć pewność, że praca zostanie profesjonalnie wykonana. Nie sądzę, aby emocje rzeczywiście mogły w kwestii komunikowania odgrywać jakąś rolę!".

PODSUMOWANIE

W tym rozdziale omówiłam kilka narzędzi, które mogą pomóc w komunikowaniu/przekazywaniu kłopotliwych treści (na przykład mówienie „nie", skarżenie się, wyznaczanie granic) oraz w robieniu tego w sposób bardziej klarowny i z większą pewnością siebie:

- Należy mieć świadomość, co komunikuje nasze ciało; trzymać wysoko głowę, być silnym i pewnym siebie. Zwracać uwagę na ton głosu i pamiętać o przybraniu odpowiedniego wyrazu twarzy, jeśli się chce, aby druga strona poważnie podeszła do tego, co mówimy (to wcale nie sprawia, że stajemy się okropni).
- Jeśli jest taka możliwość, zaplanuj wcześniej, co powiesz. Następnie powiedz to jasno, nie owijając w bawełnę.
- Pamiętaj o „grzecznym odmawianiu", „technice zaciętej płyty" oraz „technice spostrzeżeń na temat kanapki".
- Zadaj sobie pytanie, co w danej sytuacji zrobiłby twój wzór do naśladowania.

ROZDZIAŁ ÓSMY

Zmierz się z czynnikiem strachu

Mając pod ręką pełen zestaw pięknie przygotowanych narzędzi, jest się gotowym na następny krok: zmierzenie się z lękami, które powstrzymują nas od innego niż zwykle postępowania. Zamierzam przeprowadzić czytelnika przez proces planowania i wykonywania własnych eksperymentów behawioralnych.

Czy kiedykolwiek jako dziecko wykonywałeś/aś eksperymenty? Może nie posiadałeś/aś zestawu małego chemika, ale pewnie mieszałeś/aś płatki róży z wodą, aby stworzyć „perfumy", albo ziemię z wodą, aby taka papka nadawała się do robienia babek. Czas teraz wrócić do eksperymentowania, przyjmując otwartą postawę i stawiając na ciekawość. Pacjenci bardzo nie lubią oceniać samych siebie po przeprowadzonym eksperymencie; naukowiec nie może przecież powiedzieć, czy ma rację, czy też nie. Po prostu przyjmuje jakieś hipotezy, sprawdza teorie, a jeśli są błędne, proces zaczyna się od nowa z nowymi założeniami. Można się przy tym dobrze bawić, wykazać kreatywnością i radością tworzenia.

EKSPERYMENT BEHAWIORALNY: CÓŻ TO TAKIEGO?

Eksperymenty behawioralne to niezwykle silne narzędzia zmian. Sama ich idea wywodzi się z ruchu psychologii behawioralnej, powstałego w latach pięćdziesiątych XX wieku. Już wcześniej wspominałam o psie Pawłowa i zjawisku odruchu warunkowego (psom, które uczono, że istnieje związek pomiędzy karmieniem a towarzyszącym mu dźwiękiem dzwonka, po niedługim czasie na sam dźwięk dzwonka leciała z pysków ślina, mimo że w pobliżu nie było żadnego jedzenia).

My, ludzie, nie różnimy się od nich. Jeśli w przeszłości mieliśmy jakieś napawające lękiem doświadczenia, wówczas nasze reakcje zaczynają być warunkowe i odczuwamy strach na samą myśl o tamtych zdarzeniach. Ja, na przykład, jako dziecko wprost truchlałam na sam widok pająka, a na letnich obozach, na które jeździłam, było ich pełno, szczególnie w toaletach. W efekcie nawet teraz na sam widok toalety na kempingach lub w betonowych budynkach, robi mi się słabo.

Tak jak już pisałam w rozdziale drugim, zachowanie większości Miłych jest nieproporcjonalnie podyktowane przesadnym lękiem i strachem przed brakiem akceptacji. Dlatego właśnie, aby uchronić siebie samych przed tymi nieprzyjemnymi uczuciami, szukamy ucieczki lub unikamy sytuacji, które je wywołują (wszelkie konflikty, odmawianie, niespełnianie oczekiwań innych ludzi itp.). Często też przesadzamy w takich zachowaniach, które sprawiają, że czujemy się bezpiecznie, gdyż ludzie nas lubią, odpadają konflikty i napięcia, zgadzamy się z innymi, przytakując im we wszystkim itp.

Jednak co się dzieje, jeśli nasze *obawy* odnośnie do stresogennej sytuacji są zupełnie nieadekwatne i jak najdalsze od prawdopodobieństwa zaistnienia owej sytuacji. A co ważniejsze: do naszej oceny własnych umiejętności poradzenia sobie z ewentualną sytuacją stresową, o ile do niej w ogóle dojdzie. W takim wypadku okazuje się pomocna idea eksperymentu behawioralnego, by móc sprawdzić bezpodstawną hipotezę w sposób zaplanowany i bezpieczny.

Może to wyglądać tak: „Jeśli odmówię tej osobie, będzie na mnie zła/nie będzie mnie już lubiła, a ja nie będę w stanie znieść jej złości/braku akceptacji mojej odmowy". Gdy przetestujemy takie obawy, mając do dyspozycji odpowiednie narzędzia oraz umiejętności, o których pisałam w poprzednim rozdziale, wówczas prawie na pewno sami będziemy zaskoczeni, kiedy zdamy sobie sprawę, że jeśli taka przewidywalna i nieprzyjemna sytuacja rzeczywiście będzie miała miejsce, to naprawdę damy radę ją przeżyć.

Możemy znaleźć się w pułapce strachu, wtedy jedynym sposobem na poradzenie z nim jest uświadomienie sobie, że to tylko obawy, a często są to lęki z dzieciństwa i pozostałe po nich podejście do problemu z perspektywy dziecka. Następnie trzeba odważnie zmierzyć się z nimi i przetestować je, zaczynając od najmniejszych i najbezpieczniejszych. Zgodnie z teorią terapii kognitywno-behawioralnej zmiana zachowania może wpłynąć na nasze myśli i uczucia i je zmienić. Z mojego doświadczenia wynika, że to najlepszy pierwszy krok do procesu przeprowadzania zmian, aczkolwiek nie zawsze okazuje się najłatwiejszy do wykonania.

NASZA HIERARCHIA STRACHU

Aby przełamać fobię (czy też nieracjonalny strach), psychologowie często używają techniki nazywanej systematyczną desensytyzacją (lub GET). Polega ona na tym, że na początku procesu zmian tworzy się hierarchię wszelkich fobii, zaczynając od tego, co przeraża nas najmniej i dochodząc do tego, co przeraża nas najbardziej.

Weźmy za przykład mój lęk przed pająkami: na dole hierarchii, w skali jeden do dziesięciu, daję jeden w przypadku oglądania pająka na zdjęciu, a dziesięć w przypadku trzymania w ręku wielkiego, owłosionego owada, na przykład tarantuli. Za pomocą techniki relaksacyjnej, takiej jak kontrolowany oddech, „systematycznie", w rozłożonym w określonym czasie procesie, przepracowuję moją hierarchię budzących lęk sytuacji, eksponując się na własne fobie i starając się uodpornić na określone bodźce. Staram się uświadomić sobie, że pająki nie zrobią mi żadnej krzywdy, a ja opanuję mój lęk. To rodzaj podejścia w stylu: „Poczuj strach, ale rób swoje", przedstawionego w książce *Nie bój się bać* autorstwa Susan Jeffers.

Stwórz własną hierarchię lęku

Pragnę zachęcić teraz czytelnika do stworzenia własnej skali strachu odnoszącej się do problematycznych dla ciebie Miłych zachowań. Skala jest dziesięciostopniowa: gdzie jeden będzie odnosiło się do sytuacji najłatwiejszych, a dziesięć do najtrudniejszych czy najbardziej przerażających (nie trzeba określać, co znaczą poszczególne liczby od jeden do dziesięciu). Oczywiście, ma to być twoja własna skala, nie można się więc wstydzić, ani czuć zażenowania, ponieważ są też inne osoby, dla których wymienione przez ciebie lęki nie stanowią żadnego problemu. Każdy z nas jest inny, a skomplikowana interakcja naszego DNA z doświadczeniami całego życia tworzy nasz indywidualny zespół lęków. Nie ma uniwersalnej skali lęków, tak jak nie ma uniwersalnej hierarchii emocjonalnego bólu.

Oto moja hierarchia budzących lęk sytuacji sprzed kilku lat, kiedy postanowiłam nad sobą popracować:

1 Poproszenie partnera o pomoc i wsparcie.
3 Poproszenie przyjaciół o pomoc i wsparcie.
4 Udzielenie odmownej odpowiedzi ludziom, nieznanym osobiście.
5 Udzielenie odmownej odpowiedzi przyjaciołom.
7 Konflikt/niezgoda w grupie/w miejscu publicznym (na przykład w sklepie, w klubie książki).

9 Odmowa zrobienia czegoś dla uciążliwych znajomych.
10 Zachowanie autentyzmu w towarzystwie innych (na przykład okazanie niezadowolenia, smutku, złości) oraz otwarte mówienie i sygnalizowanie ludziom, kiedy ranią moje uczucia.

Lista Jessiki, Miłej koleżanki, przyniesiona na początku terapii:

1 Nieprzepraszanie, kiedy ktoś potrąci mnie w metrze.
2 Poproszenie kogoś o powtórzenie kwestii, której nie dosłyszałam.
3 Głośne powiedzenie „przepraszam", kiedy ktoś stoi na mojej drodze, zamiast przeciskania się obok niego.
4 Poproszenie kogoś o przesunięcie swojego bagażu w metrze.
5 Niespieszenie się w sklepie przy zamykaniu portfela i chowaniu go do torby po zapłaceniu za zakupy (to znaczy wstrzymywanie kolejki).
6 Zadanie pytania w małym gronie ludzi na spotkaniu służbowym.

7 Niemówienie „przepraszam", kiedy coś w pracy stanie się nie z mojej winy.
8 Powiedzenie w pracy, że coś zrobię później.
9 Przerzucenie zadań na kogoś innego bez przepraszania.
10 Odmówienie zrobienia czegoś w pracy.

Następnym krokiem jest stworzenie scenariusza eksperymentu, by przetestować swoje obawy, że stanie się coś złego i okropnego, jeśli mimo odczuwanego lęku i tak się to zrobi. Taki eksperyment pozwoli na zebranie dowodu, że określone zachowanie nie jest tak przerażające, jak nam się z początku wydawało, a w związku z tym można, *przezwyciężyć tkwiący w nas strach*. Rozpocznij od lęków wskazanych na początku hierarchii.

Oto schemat działania:

- Opisz swój eksperyment.
- Jakie potencjalne i nieracjonalne zagrożenia widzisz, robiąc to, czego się obawiasz?
- Obecny czynnik strachu.
- Bardziej realistyczne obawy.
- Jakie umiejętności możesz wykorzystać?
- Zrewidowany czynnik strachu.

A następnie:

- Wynik eksperymentu.
- Jak teraz wygląda czynnik strachu?
- Czego ten eksperyment mnie nauczył i wnioski na przyszłość.

Niesamowite w owych wyimaginowanych i nieracjonalnych obawach jest to, że często przybierają one niewyobrażalne rozmiary, gdy tymczasem okazują się być dość śmieszne. Trzeźwe, rozsądne podejście do nich uświadamia nam, że często wynikają one z naszych wcześniejszych doświadczeń. Być może z okresu dzieciństwa, kiedy nieprzewidywalny wybuch złości dorosłej osoby przeraził małe i bezbronne dziecko. Jak by powiedziała moja koleżanka i terapeutka CBT, Nathalie: „To możliwe, ale czy prawdopodobne?". Można zadać sobie to pytanie przy bardziej realistycznych obawach i nieco obniżyć czynnik strachu. Zilustruję to na własnym przykładzie.

Mój eksperyment z sukienką

W mojej hierarchii strachu oddanie jakieś rzeczy do sklepu wynosi siedem. Z myślą o swojej książce postanowiłam poeksperymentować z tym konkretnym lękiem i spisać wszelkie myśli, uczucia, zachowania oraz to, jak się z nimi zmierzyłam. Najpierw nakreślę sytuację. W małym butiku kupiłam dość drogą letnią sukienkę. Butik należał do tych, które wydają piękne katalogi, pełne młodych, powabnych modelek, sfotografowanych w obłędnych wnętrzach lub plenerach. Kiedy się to wszystko ogląda, ma się wrażenie, że dzięki posiadaniu choć jednej z tych jedwabnych sukienek czy kaszmirowych kardiganów, zdobędzie się miłość i szczęście, a życie stanie się zupełnie proste i bezproblemowe.

Na tym właśnie polega siła reklamy, łączymy zakup danej rzeczy z realizowaniem emocjonalnych pragnień. Jednak nawet mając tę wiedzę, nasze emocjonalne zapotrzebowanie na coś lepszego nadal jest silne, szczególnie jeśli waga wskazuje nadmiar kilogramów i człowiek czuje się nieatrakcyjnie, jest niepewny siebie, tak jak ja się czułam tego dnia, kiedy trafiłam do wspomnianego butiku. Weszłam tam, prawdopodobnie szukając bardziej „odkupienia" związanego z wyglądem (patrz mit klamry odkupienia, s. 138), niż jakiejś konkretnej rzeczy. Ekspedientka wyczuła moją tęsknotę za czymś lepszym i zaczęła mi doradzać, w czym będzie mi dobrze, a następnie znosić do przymierzalni kolejne ubrania. Pół godziny później wyszłam ze sklepu z elegancką torbą, w której znajdowała się sukienka nie w moim stylu, i już wtedy miałam przekonanie graniczące z pewnością, że włożę ją raz albo nie włożę wcale.

Wróciłam do domu z sukienką, jeszcze raz ją przymierzyłam i postanowiłam, choć z lękiem, oddać ją w sklepie. Wiem, że niektórzy, nawet niepoprawni Mili, uznają ten lęk za śmieszny, wydaje im się, że w zwracaniu niepotrzebnych rzeczy nie ma nic trudnego. Wiem też, że wiele osób kupuje naręcza ubrań, zabiera je do domu, przymierza i oddaje te, które się im nie podobają. Może gdybym sama często tak robiła, zwrócenie do sklepu jednej sukienki nie wydawałoby mi się aż tak przerażające.

Już na tym etapie uruchomiły się moje wewnętrzne głosy: „Ależ ty jesteś żałosna. Dlaczego nie postawiłaś się tej ekspedientce? W ogóle nie liczysz się z pieniędzmi. Kupiłaś drogą sukienkę i teraz już nie będziesz mogła sobie kupić letniej rzeczy". Hm, czy te słowa zapisane na kartce nie wydają się zbyt mocne jak na tę konkretną sytuację? Szczególnie ostatni argument, nie tylko krytyczny, ale też zawstydzający mnie i karcący: „Powinnam zostać ukarana za swój błąd zakazem kupowania jakiejkolwiek letniej rzeczy w tym sezonie!".

Wracając jednak do eksperymentu, oto jak wypełniłam formularz:

- Opisz swój eksperyment: Chcę pójść do sklepu i poprosić o zwrot pieniędzy.
- Jakie potencjalne i nieracjonalne zagrożenia widzisz, robiąc to, czego się obawiasz? Obawiam się, że ekspedientka będzie na mnie zła, nieprzyjemnie zdziwi się moją decyzją i będzie starała się w niemiły sposób przekonać mnie do zmiany decyzji i zatrzymania sukienki. Albo: a) będzie zimna jak lód oraz poniżająco krytyczna przy innych ekspedientkach i innych klientach będących wówczas w sklepie, i powie na przykład: „No cóż, proszę pani, obawiam się, że w pani wieku i przy pani figurze żadna rzecz nie będzie dobrze wyglądać"; b) nakrzyczy na mnie, a może nawet zaatakuje mnie fizycznie i znowu świadkami tego będzie tłum ludzi.
- Obecny czynnik strachu: siedem.
- Bardziej realistyczne obawy: Ekspedientka będzie niezadowolona, ale szybko mogę wyjść z butiku i już nigdy jej nie zobaczę. A jeśli rzeczywiście będzie niemiła, zawsze mogę poprosić menedżera sklepu o podejście do kasy. Przecież mam prawo do zwrotu towaru w ciągu czternastu dni.
- Z jakich umiejętności możesz skorzystać? Mogę skorzystać z techniki relaksacyjnej, głębiej i wolniej oddychać, by zwalczyć symptomy, które

wysyła moje ciało: „walcz albo uciekaj" (patrz s. 118). Mogę też skorzystać z techniki zaciętej płyty.

- Zrewidowany czynnik strachu: pięć.
- Wynik eksperymentu: Odczekałam, aż miałam czas i poczułam się pewniejsza. Wówczas poszłam do butiku. Denerwowałam się, lęk czułam w brzuchu. Ta sama ekspedientka, która sprzedała mi sukienkę, podeszła do mnie i rzeczywiście była wściekła, kiedy dowiedziała się, że oddaję mój nabytek. Byłam pewna, że tak właśnie jest, bo przestała być dla mnie tak wylewnie przyjacielska, a na jej twarzy pojawił się sztuczny uśmiech. Rzeczywiście nie myliłam się tak bardzo, obawiając się jej reakcji. Myślę, że ten butik należał do tych sklepów, gdzie ekspedientki dostają prowizję od sprzedanej rzeczy, więc zwroty mają dla nich konkretne, finansowe znaczenie. Tak więc, kiedy spojrzała na mnie w dość specyficzny sposób, obleciał mnie strach. Jednak wzięłam kilka głębszych, wolniejszych wdechów, czując, jak powietrze rozchodzi się po moim ciele (patrz ćwiczenie oddechowe na s. 264). Następnie powiedziałam sobie: „Zaraz się to skończy i już nigdy nie będziesz musiała oglądać tej pani. To nie ma znaczenia, że teraz cię nienawidzi. Ona

nie może ci nic zrobić". To mi naprawdę pomogło. Po pierwsze, przestałam przeżywać całą sytuację, a po drugie, łagodna autoperswazja, że nigdy już nie zobaczę ekspedientki, sprawiła, że poczułam się spokojniejsza, a nawet bezpieczna (patrz też s. 197). W efekcie otrzymałam zwrot pieniędzy i wyszłam ze sklepu cała i nieponiżona; mogę nawet powiedzieć, że czułam euforię, bo zrealizowałam swój cel, przełamując lęk.

- Jak teraz wygląda czynnik strachu? Dwa.
- Czego ten eksperyment mnie nauczył i wnioski na przyszłość: Przekonałam się, że należy być przygotowaną na to, że ekspedientki mogą nie być zadowolone, kiedy klient zwraca towar, mogą być złe, sarkastyczne, a nawet wściekłe, ale *ja jestem w stanie znieść taką sytuację, jeśli rzeczywiście by do niej doszło*. I dla mnie nie będzie już ona żadnym końcem świata i *przeżyję ją* bez problemu.
- Po moim eksperymencie z oddaniem sukienki byłam na tyle odważna, że w tym samym tygodniu poszłam zwrócić jeszcze dwie rzeczy (dyktafon po upływie dwóch miesięcy od prawa zwrotu i źle dopasowany biustonosz, który kupiłam pół roku wcześniej i w dodatku zagubiłam paragon). I zdziwicie się, ale nie sprawiło mi to żadnego pro-

blemu, a sprzedawcy byli spokojni, opanowani i zrozumieli moje powody zwrotu rzeczy. Mogłam więc powiedzieć, że trzymałam w dłoni pająka, którego tak się obawiałam. Może nie była to jeszcze tarantula, ale mały pieniężny pajączek. Jednak zawsze to coś. Najważniejsze, że był postęp.

SKLASYFIKUJ I ZRÓB SELEKCJĘ SWOICH EKSPERYMENTÓW: CO *TERAZ* JEST DLA CIEBIE NAJWAŻNIEJSZE?

Kiedy w Wielkiej Brytanii przychodzi się na izbę przyjęć w szpitalu, przeważnie najpierw ma się do czynienia z pielęgniarką, która klasyfikuje chorych według ich stanu zdrowia. Jej zadaniem jest określenie, jak poważny jest stan pacjenta i czy zagraża jego życiu, a następnie stworzenie listy, komu trzeba pomóc w pierwszej kolejności. To może być pomocny sposób postępowania, kiedy zdecydujemy, jakie eksperymenty chcielibyśmy przeprowadzić w danym momencie życia: co *obecnie* jest dla nas najbardziej stresujące, co chcielibyśmy zmienić.

Należy zadać sobie pytanie, co burzy nasz spokój i sprawia, że nie możemy w nocy spać oraz co jest dla nas najcięższe. Innym ważnym pytaniem, które można sobie zadać, jest to, z czego najwięcej wyniosę, co najwięcej mi da? Niektóre rzeczy wydają się nam niezwykle trudne, a w dodatku ich zmiana w tym konkretnym momencie życia nie przyniosłaby realnych zysków, innymi słowy: poniesione koszty znacznie przewyższyłyby potencjalne korzyści. Nie dopuszczaj myśli o konieczności zajęcia się daną rzeczą, gdyż jeśli tego nie zrobisz, poczujesz, że nie poradziłeś/aś sobie i będzie ci z tym gorzej.

Pomocne może okazać się napisanie listy argumentów za i przeciw danej rzeczy. Łatwiej wówczas będzie podjąć decyzję, czym należy się zająć. Alison, na przykład, która również brała udział w warsztatach, w ramach eksperymentu behawioralnego zamierzała napisać list do matki. Chciała jej wytłumaczyć, dlaczego czuje się zraniona jej osądami i krytycyzmem, których doświadczała przez całe życie. Wydawało jej się to potwornie trudne i przerażała ją sama myśl pisania listu. Po zastanowieniu się nad możliwymi korzyściami, doszła do wniosku, że to jednak dość ryzykowny eksperyment. Jej matka prawdopodobnie nie miałaby ochoty przeczytania takich przemyśleń córki i mogłaby wykorzystać to przeciwko niej, a następnie zastosować obronę przez atak, przez co obie znalazłyby się w patowej sytuacji.

Mówiłam już o klamrze odkupienia (patrz s. 138), więc powiedziałam Alison, że to uruchomiło mój

„alarm klamry odkupienia". Bardzo prawdopodobne, że jej matka już się nie zmieni, chyba że w jej życiu wydarzy się coś przełomowego lub pójdzie na terapię (oba te czynniki mogą zaistnieć razem).

Alison zastanowiła się i przeszła do innego problemu, który w tym momencie jej życia wydawał się pilniejszy, a na pewno bardziej praktyczny. Chciała poprosić dawnych klientów o ocenę funkcjonalności swojej nowej strony internetowej. Stresowała ją ta sytuacja i ciągle odkładała to zadanie na później. Jakie potencjalne zagrożenia widziała i czego się obawiała? Zastanowiła się nad tym pytaniem i odpowiadając, wybuchnęła śmiechem: „Myślę, że klienci zaczną dzwonić do siebie nawzajem i oburzać się, jak w ogóle śmiałam poprosić ich o coś takiego, w dodatku mogą powiedzieć, że jestem beznadziejna i równie beznadziejne jest wszystko to, czego się dotknę, bo w końcu nic dobrego nie można o mnie powiedzieć".

Opisywanie własnych obaw pozwoliło Alison natychmiast dostrzec ich absurdalność i wręcz komizm. Inny uczestnik warsztatów dopytywał ją: „Jakie jest prawdopodobieństwo, że tak właśnie zrobią? Czy naprawdę nie będą chcieli ci pomóc, skoro ty im wcześniej pomogłaś?". „Może rzeczywiście", odparła nie do końca jeszcze przekonana. „Ja chyba byłabym zadowolona, gdybym mogła przekazać komuś moje zdanie na dany temat, szczególnie jeśli jasno określi, czego potrzebuje". Na zadane wówczas przeze mnie pytanie o czynnik strachu, odpowiedziała, że obecnie wynosi on siedem.

Alison postanowiła wykonać eksperyment, w którym miała napisać jasno sformułowany e-mail, wyjaśniając, o co dokładnie jej chodzi. Miała też dodać zdanie, że jeśli ktoś nie ma czasu odpowiedzieć, może e-mail skasować. „To zapobiegnie mojemu uczuciu odrzucenia, jeśli ktoś powie nie", wyjaśniła. „Jaki jest twój obecny czynnik strachu?", zapytali ludzie z grupy. „Zszedł do poziomu trzy. Dam wam znać, jak mi poszło w rzeczywistości", zobowiązała się Alison.

Tydzień później skontaktowała się, informując nas, że wysłała e-mail do trzech osób i wszystkie bardzo szybko i w samych superlatywach jej odpowiedziały. „Myślę, że określenie celu na warsztatach oraz wsparcie grupy zmobilizowały mnie do działania. Sądzę, że bez tego nie napisałabym do tych ludzi", wyznała. „Czuję siłę i jestem dumna, że przełamałam własne opory. To daje mi motywację i energię, żeby zrobić coś więcej".

Jessica zaczyna eksperymentować...

Kiedy spotkałam Jessikę po raz pierwszy, dyskutowałyśmy o pomyśle wprowadzenia w życie reguły bycia

„choć o jeden procent mniej Miłą” niż dotychczas, co proponowałam jej zrobić od razu (patrz s. 74). Jessica postanowiła spróbować wcielić pomysł w życie i nie przepraszać osób, które wpadają na nią w metrze. W następnym tygodniu, kiedy odniosła sukces, tak to komentowała: „Ludzie nawet nie zwrócili uwagi na moje zachowanie. Tylko wewnętrzny krytyczny głos pytał mnie, gdzie podziały się moje maniery. Zresztą zidentyfikowałam ten głos, jako głos mojej ciotki”. Przygotowałyśmy więc z Jessiką listę z eksperymentami o różnym stopniu trudności. Miała je wykonać we własnym tempie, przy czym najtrudniejsze zadanie polegało na odmówieniu spełnienia czyjejś prośby w pracy.

Dziewczyna była bardzo zmotywowana, nabrała odwagi i konsekwentnie zaczęła realizować kolejne punkty z listy. A każdy osiągnięty sukces przyczyniał się do zmniejszenia skali odczuwanego strachu (patrz s. 199). Oto fragment jej dziennika terapii, pochodzący z początku spotkań:

„Zawsze chciałam być spokojna, cierpliwa, sprytna i inteligentna, nie dzieje się to jednak z dnia na dzień. To długotrwały proces. Jeśli będę asertywna, osiągnę spokój, bo będę mogła poprosić o to, o co mi chodzi, i będę miała przekonanie, że to mi się należy. Jeśli uwierzę, że jestem najlepszą osobą, jaką mogę być, nie będę miała powodu, by być niecierpliwą. A jeśli uda mi się być zrelaksowaną i spokojną, ów wewnętrzny spokój pozwoli mi prosić o coś tonem, który nie będzie proszący. Czy można to zrobić od razu, czy też przychodzi to z czasem? Jeśli przychodzi to z czasem, wówczas wiem, od czego zacząć.

Sukcesy Jessiki w byciu bardziej asertywną w pracy doprowadziły do zaskakujących zmian, których nawet nie śmiała wpisywać na swojej liście. Udało jej się ustalić jasne zasady i granice ze swoją współlokatorką, podjęła nowe wyzwania w pracy, stała się bardziej asertywna, odważyła się na nowe, zaskakujące hobby i nawiązała nowe znajomości. W żadnym przypadku nie było to proste i nie sprawdziło się od razu takie niestandardowe zachowanie, zwłaszcza że w przeszłości Jessica niemal zaniechała zmian, przerastała ją sama myśl o nich. Jednak powolne modyfikacje zachowania, przeprowadzane krok po kroku i konsekwentnie, sprzyjały podejmowanym przez nią wyzwaniom. W rozdziale dziewiątym i jedenastym można przeczytać o tym więcej.

...Liz także bierze się do roboty

Przedstawiłam Liz, Miłą przyjaciółkę w rozdziale trzecim, kiedy przebyła kawał drogi, aby wziąć udział w dwugodzinnej sesji terapeutycznej, która była dla niej niczym „wypad do spa", a bardzo rzadko zdarzało jej się zrobić coś dla siebie. Wyszła tamtego popołudnia ode mnie z silnym postanowieniem przeprowadzenia kilku eksperymentów behawioralnych, w których chodziło szczególnie o odwagę „rozczarowania innych ludzi i większą dbałość o siebie samą".

Podczas pierwszego eksperymentu, który czekał ją już wieczorem tego samego dnia, miała powiedzieć koleżance, że nie przyjdzie na jej wieczór poetycki, bo potrzebuje poleżeć w wannie, odprężyć się i zjeść kolację z dziećmi. Wydawało jej się to wyjątkowo trudne, ale wiedziałam, że jest wykonalne, znając wiele sytuacji z życia Liz, które wymagały od niej odwagi. Miesiąc później przesłała mi taki oto e-mail: „Po sesji czułam się tak, jakby mnie olśniło. Odkrycie, skąd pochodzi mój lęk przed krytyką, było niezwykle pomocne. Przypomnienie sobie, jak okropnie reagował mój tata, kiedy jako nastolatka starałam się coś zrobić po swojemu, uświadomiło mi, dlaczego wciąż tak bardzo zależy mi na opinii innych". Patrząc z perspektywy na swój pierwszy eksperyment behawioralny, Liz powiedziała, że początkowo źle się czuła, ale napisała SMS koleżance z przeprosinami, że nie może przyjść na jej wieczór poetycki, a ona podeszła do tego ze zrozumieniem. „Zabawne, że koleżanka, na której po raz pierwszy ćwiczyłam odmawianie, powiedziała mi, że nie mogła uwierzyć, iż bałam się sprawić jej zawód, bo nigdy by tego tak nie odebrała, gdyż jestem naprawdę jej bardzo dobrą przyjaciółką. Rozumiała, że zwyczajnie nie mogłam przyjść i miałam ku temu powód. Obie śmiałyśmy się potem z całej sytuacji, bo wszystko potoczyło się zupełnie inaczej, niż się spodziewałam. Ona wcale nie była na mnie zła i nadal miała wielką chęć spotykać się ze mną".

Liz zaczęła eksperymentować ze stawianiem swoich potrzeb przed potrzebami innych ludzi. Postanowiła inaczej zachowywać się w pracy w stosunku do osoby, przez którą czuła się tyranizowana. „Wcześniej po prostu przychodziłam na zebranie, na którym się nie odzywałam, chcąc być niewidzialna", powiedziała. „Tamtego razu, przyszłam na spotkanie wcześniej i byłam dla niej niezwykle miła. Zdziwiło ją moje zachowanie i bardzo pozytywnie na nie zareagowała. Podczas zebrania odzywałam się, kiedy miałam coś do powiedzenia. Czułam dzięki temu siłę i satysfakcję, że działam w zgodzie ze sobą samą. Cały czas też zadawałam sobie pytanie, czy może się stać coś gorszego? I powtarzałam: To nieważne, czy ona przestanie mnie lubić. Wcale nie potrzebuję, by mnie lubiła. Muszę po prostu znaleźć sposób, by z nią współpracować".

W rozdziale dziewiątym można dowiedzieć się więcej, jak Liz udało się ograniczyć swoje zobowiązania towarzyskie i znaleźć czas na to, co naprawdę dla niej ważne.

TWÓRCZA BURZA MÓZGÓW BEZ OCENIANIA

Liz starała się robić pewne rzeczy inaczej i okazywało się to niezwykle efektywne. Jednak czasami zrobienie czegoś w inny sposób wydaje się nam niemożliwe, więc zapętlamy się w starych wzorcach myśli i zachowań, które oswoiliśmy i do których jesteśmy przyzwyczajeni. Technika kreatywnej burzy mózgów bez oceniania pomaga wyjść ze starych kolei myślenia i wpaść na nowe pomysły.

Weź kartkę i zapisz u góry swój problem, następnie pod spodem podaj sposób jego rozwiązania, jakikolwiek przyjdzie ci do głowy. Pozwól sobie na twórczą swobodę i zapisz każdy, nawet najgłupszy pomysł, *bez oceniania go*. To niezwykle ważne, gdyż pozwala na wprowadzenie niewyobrażalnych dotąd pomysłów i potencjalnych rozwiązań, tłumionych wcześniej przez krytyczne głosy (patrz rozdział piąty). Dla przykładu, jeśli usiądzie się z dzieckiem, które ma problem z nauczycielem w szkole, i podpowie się mu następujący pomysł: „Wyślij go rakietą w kosmos" albo „Zorganizuj porwanie go przez piratów", a następnie zacznie się z nim spisywać różne pomysły, to potem należy się im przyjrzeć i zdecydować, która z opcji będzie najlepsza. Można też ustalić dziesięciopunktową skalę dla zapisanych pomysłów, by mieć większą jasność.

Tutaj podaję przykład techniki kreatywnej burzy mózgów, która pomogła Elli, znanej nam z rozdziału drugiego.

Współlokatorka Elli z piekła rodem

Ella martwiła się, chociaż w końcu znalazła nową współlokatorkę, bo poprzednia wyprowadziła się po długim milczeniu i dąsach. Obawiała się, że sprawy i tym razem źle się ułożą i z kolejną współlokatorką będą podobne problemy, a Ella znów będzie mieć poczucie winy i niepokoić się o czynsz. W tej sytuacji uaktywniły się jej przekonania z czasów, gdy była nastolatką: „Nie pasuję do nich. Dziewczyny mnie nie lubią. Już nigdy nie znajdę żadnych przyjaciół".

Poprosiłam Ellę, by opowiedziała mi trochę o nowej współlokatorce. „No cóż, wydaje się być miłą osobą, jest cicha, ciężko pracuje, szanuje to, że potrzebuję spokoju do nauki. Ale Frankie też na początku tak się zachowywała...". Poprosiłam ją, żeby podzieliła się ze mną nieracjonalnymi lękami na temat tego, co może się wydarzyć. Pomyślała chwilę i wyznała: „Powiedziała mi, że ma chłopaka, z którym często się rozstają i wracają do siebie. Więc tak sobie myślę, że mogą się przewalać po kanapie, kiedy ja się będę uczyć, albo robić coś dużo, dużo gorszego...", tu zamilkła na chwilę, jakby opis wyobrażanej sobie sceny nie chciał jej przejść przez gardło. „...i przez całą noc będą głośno uprawiać seks w jej pokoju, przez co ja nie będę mogła spać, a dodatkowo poczuję się jeszcze bardziej samotna i będzie mi głupio, bo: a) nie mam chłopaka i b) jestem zbyt skrępowana i powściągliwa, by wydawać takie odgłosy". Potem popatrzyła na mnie szeroko otwartymi oczami, jakby sama zaskoczona, skąd jej to przyszło do głowy i jak mogła to wyartykułować. „I...", tu już dodałam własne doświadczenia ze współlokatorami „...będzie godzinami zajmować łazienkę, głośno się w niej zachowując, a następnie defilować po mieszkaniu w skąpym ręczniku na biodrach". Obie wybuchnęłyśmy śmiechem. „Jak myślisz, jakie jest prawdopodobieństwo, że tak właśnie będzie?", zapytałam. „A co ważniejsze, co możesz zrobić *teraz*, by uspokoić swoje myśli, zanim stanie się coś nieprzyjemnego czy kłopotliwego?" Ella spojrzała na mnie trzeźwo. Przyznała, że już myśli, iż jest w pułapce, i czuje wzbierającą bezradność (przecież jest uprzejma jako Miła) na samą myśl o potwornej konfrontacji oraz o związanymi z nią konfliktem i stresem.

„No dobrze, spróbujmy techniki kreatywnej burzy mózgów bez oceniania", zaproponowałam. Jeszcze nie spotkałam osoby, której nie spodobałby się taki pomysł. Myślę, że słowa: „kreatywna" oraz „bez oceniania" są tak pozytywne, że wywołują poczucie bezpieczeństwa i przypływ dobrej energii. Ella zaczęła się zastanawiać, co zrobi w danych okolicznościach: może gdy współlokatorka będzie miała gości, ona pójdzie do czytelni, a jeśli tamta zaprosi chłopaka na noc, wówczas ona zatrzyma się u swoich znajomych. Zaproponowałam, żeby przedtem porozmawiała ze współlokatorką i by wspólnie ustaliły odpowiednie zasady, na przykład: chłopaków można zapraszać na noc tylko w weekendy.

Ella była zadziwiona. „O matko, nigdy o tym nie pomyślałam, a przecież to takie proste". Nasza rozmowa uruchomiła tę część jej mózgu, która odpowiada za kreatywne rozwiązywanie problemów, a dodatkowo dziewczyna została zachęcona do wynajdywania innych możliwości i strategii radzenia sobie z kłopotami. „Do tej pory w życiu prywatnym nie wykorzystywałaś własnych możliwości", powiedziałam. „W pracy wzorowo rozwiązujesz każdy problem, ale ze współlokatorką, prawdopodobnie z powodu blokujących cię barier wyniesionych z przeszłości, nie umiałaś rozwinąć swojej kreatywności i wykazać się zdolnością rozwiązywania problemów. Tkwiłaś w jakiejś traumie, strachu i panice, które hamują zdolność twórczego myślenia".

Dwa tygodnie później Ella powiedziała mi, że przeprowadziła spokojną, swobodną rozmowę ze współlokatorką, która z chęcią przystała na wszystkie zaproponowane przez nią rozwiązania. „Nie mogę uwierzyć, że było to aż tak proste", stwierdziła Ella. Często słyszę te właśnie słowa padające z ust ludzi, którzy zaczęli postępować w niestandardowy dla nich sposób. Kiedy w końcu człowiek odważy się przeprowadzić trudną dla niego rozmowę, często (ale też nie zawsze) okazuje się ona prostsza i mniej stresująca, niż mu się wydawało.

SAMANTHA EKSPERYMENTUJE I STARA SIĘ BYĆ MNIEJ PERFEKCYJNA

Niektórzy dochodzą do wniosku, że najważniejsze dla nich eksperymenty polegają na robieniu w pewnych kwestiach *mniej*, a nie *inaczej* niż dotychczas. Jeśli wróci się myślami do wzorców z okresu dzieciństwa, którym przyglądaliśmy się w rozdziale drugim, jedni Mili kierują się tym, aby unikać czyjegoś gniewu, drudzy pragną aprobaty innych, co staje się pewnego rodzaju uzależnieniem, a wielu łączy obie te cechy.

Samantha, którą poznaliśmy w rozdziale drugim, zdecydowała, że podejmie się eksperymentu robienia *mniej* niż dotychczas, aby zyskać aprobatę innych. Miała też sprawdzić, czy w ogóle potrafi to zrobić. Jako mała dziewczynka starała się ponad miarę, by jej oszczędna w pochwałach nauczycielka tańca była w końcu zadowolona. Jako osoba dorosła przeniosła te swoje oczekiwania na szefa, pracując całymi dniami po godzinach i biorąc na siebie bardzo dużą odpowiedzialność. Teraz była na urlopie macierzyńskim, więc dawała z siebie wszystko dla domu i przerzuciła swoje oczekiwania na męża i dziecko. Natomiast nikt od niej tego nie wymagał, w związku z czym nie okazywał spodziewanej wdzięczności. Jej mąż pragnął, aby znów pozostała dawną sobą, radosną i z poczuciem humoru kobietą. A ona była wykończona i zdenerwowana ciągłym dążeniem do bycia idealną żoną i matką. Nieustannie prasowała ubranka dla dziecka i zawsze miała perfekcyjny makijaż.

Wspólnie ustaliłyśmy, że u podstaw takiego jej zachowania leżało następujące przekonanie kluczowe:

ZAWSZE MUSZĘ WSZYSTKO ROBIĆ NA 100 PROCENT, INACZEJ KTOŚ MOŻE POWIEDZIEĆ, ŻE NIE STARAM SIĘ I ROBIĘ COŚ NA PÓŁ GWIZDKA. Jednak, gdy tylko Samantha zastanowiła się nad tym przekonaniem, doszła do wniosku, że pochodzi ono nie od niej, lecz prawdopodobnie od jej wymagającej nauczycielki tańca, która oczekiwała, że jej podopieczna będzie idealną primabaleriną. „Kiedy zdałam sobie sprawę z mojej perfekcyjności, zrozumiałam, jak trudno jest mojemu mężowi ze mną wytrzymać! On w ogóle nie oczekuje ode mnie, żebym była perfekcyjną kobietą. W dodatku, ja wcale nie chcę, aby nasza córka, kiedy podrośnie, przejęła tę samą perfekcyjność, z którą sama muszę walczyć. Chciałabym, aby umiała do mnie przyjść ze swoimi problemami, kiedy będzie starsza. A jeśli dowie się, że ja też popełniam błędy, pewnie łatwiej jej będzie zwrócić się do mnie".

Samantha po naszej sesji bardzo pracowała nad tym, by być „wystarczająco dobrą", a nie perfekcyjną. Jej pierwszy eksperyment polegał na zaprzestaniu ciągłego prasowania ubranek małej. Następnie starała się nie malować codziennie. Mówiła mi potem, że często powtarzała sobie: „W porządku jest być wystarczająco dobrym", aby móc spojrzeć z odpowiedniej perspektywy na to, co się robi.

Eksperymenty behawioralne przedstawione w tym rozdziale są zaplanowane lub *proaktywne*. Warto zacząć od zrobienia planu każdego eksperymentu, ponieważ wiele jego elementów można mieć pod kontrolą, w związku z czym można też czuć większe bezpieczeństwo. Oczywiście, nie wszystko da się całkowicie zaplanować. Jednak istnieją pewne opcje wyboru i można zdecydować, *kiedy* przeprowadzi się rozmowę ze współlokatorem, szefem czy partnerem oraz *co* im się powie. To z kolei sprzyja budowaniu i ulepszaniu naszych umiejętności i wzmacnia naszą pewność siebie, co okazuje się niezwykle pomocne w sytuacjach utraty kontroli i konieczności szybkiego i zdecydowanego działania w konfrontacji z trudnymi ludźmi. A ponieważ podobne okoliczności mogą zaistnieć (i często tak się zdarza), przedstawiam kilka technik, które można zastosować w sytuacjach *reaktywnych*, opisanych w rozdziale dziesiątym.

PODSUMOWANIE

Myślę, czytelniku, że masz już pewną wiedzę, jak planować eksperymenty behawioralne, aby zmierzyć się z lękowym sposobem myślenia, który zamyka nas w swoistej pułapce i nie pozwala na racjonalne działania (a czasem w ogóle je uniemożliwia). Oto one w skrócie:

- Stwórz własną hierarchię strachu, punktując określone sytuacje od jeden (najmniej przerażającej) do dziesięciu (najbardziej przerażającej).
- Zaplanuj eksperyment behawioralny na określoną sytuację. Zacznij od czegoś, co plasuje się w dolnej skali hierarchii strachu, i wypełnij formularz na s. 206, aby łatwiej stworzyć odpowiedni plan i przygotować się do najtrudniejszej dla nas konfrontacji.
- Przyznaj sobie nagrodę, poczuj siłę i zaplanuj kolejny eksperyment.
- Spróbuj zastosować technikę kreatywnej burzy mózgów bez oceniania, aby znaleźć nowe pomysły i wybrać inne opcje.

ROZDZIAŁ DZIEWIĄTY

Zaawansowane eksperymenty behawioralne: odważ się rozczarować innych

Kiedykolwiek wspominam o tym pomyśle, zawsze reakcja jest taka sama: oczy słuchacza coraz bardziej się otwierają ze zdumienia i szoku, a następnie widać w nich uśmiech. Jest to rodzaj uśmiechu ulgi, przecież to, co mówię, jest tak abstrakcyjne, że aż śmieszne. Jednak co ważniejsze, to mieć świadomość, że istnieje realna możliwość rozczarowania innych, co daje nam więcej opcji działania.

Dlaczego ta myśl wydaje się Miłym tak przerażająca? Czy u jej podstaw leży następujące kluczowe przekonanie: NIGDY NIE WOLNO MI NIKOGO ZAWIEŚĆ, BO..., bo co się stanie? Jaki lęk trzyma nas w pułapce tego wyczerpującego i niszczącego sposobu myślenia? Zmusza nas, by *zawsze* wspierać naszych przyjaciół, chodzić na ich urodziny, przyjęcia, spotkania, wieczorki poetyckie, wystawy, akcje charytatywne, zabawy dla dzieci, urodziny dzieci, pogrzeby rodziców... Tu można dodać cokolwiek, co przyjdzie nam do głowy – lista nie ma końca. Nie mówimy tu o wydarzeniu z życia *najbliższych* przyjaciół, których wspieramy mimo choroby, przepracowania, zmęczenia, co oczywiście byłoby bardziej zrozumiałe w przypadku tych najbliższych. Jednym z sekretów Miłych jest to, że nie umiemy mówić „nie" i zawsze będziemy się starać i zagadywać swoich dziwnych znajomych, wyjaśniać niemiłe sytuacje, śmiać się z historyjek i żartów swoich krewnych lub zabawiać towarzystwo naszymi opowiastkami. Często też lądujemy na przyjęciach i imprezach u ludzi, którzy wcale nie są nam bliscy i czasem (powiedzmy to szeptem) wcale ich nie lubimy lub też boimy się ich, bądź jest nam ich szkoda (albo wszystko naraz).

Czy kiwasz teraz głową ze zrozumieniem? Tak myślałam. Jednak, wierzcie mi, *istnieją* tacy ludzie, którzy zaproszeni na pożegnalnego drinka recepcjonistki (na zastępstwie) po prostu mówią: „Przepraszam, ale naprawdę nie mogę przyjść", z czarującym uśmiechem i bez poczucia winy. Jak oni to robią? No cóż, ty też możesz, czytelniku. Powinieneś wrócić do rozdziału siódmego, aby nauczyć się paru praktycznych umiejętności potrzebnych w takich okolicznościach. Myślę jednak, że najpierw pomocne będzie przyjrzenie się wzorcom myślenia, które sprawiają, że perspektywa rozczarowania innych ludzi jest takim wyzwaniem.

ZAWIEŚĆ KOGOŚ A ROZCZAROWAĆ

Kiedyś powiedziałam mojej promotorce, Lynne, że czuję się przytłoczona ilością nowych pacjentów. A ona we właściwy sobie sposób zapytała mnie trzeźwo: „To dlaczego ich wszystkich przyjęłaś?". Czyż to nie jest podstawowe i oczywiste pytanie, pomyślałam. Przecież pracujemy w zawodzie *opiekuńczym*. „Nie chciałam ich zawieść", odpowiedziałam, broniąc się, choć wiedziałam, że to nie do końca mądra odpowiedź. „Czy istnieje różnica między sprawieniem komuś zawodu a rozczarowaniem go?", dopytywała Lynne. Cóż za trafne i genialne pytanie, pomyślałam, bo sama nigdy się nad nim nie zastanawiałam. Wyobrażam sobie, że musiałam wówczas wyglądać na skonsternowaną. „A jest jakaś różnica?", wymamrotałam. „Jeśli ktoś czuje się rozczarowany, to chyba zawiódł się na tobie, nieprawdaż?"

„No cóż", odparła Lynne „gdybyś przejechała ten kawał drogi do mnie dzisiaj, i mnie nie zastała, miałam jakiś kryzys, wówczas byłabyś rozczarowana, ale ja nie zawiodłam cię umyślnie, gdyż nie miałam wpływu na taki zbieg okoliczności. Jednak, gdybym po prostu się nie pojawiła, wówczas bym cię zawiodła". Było to dla mnie tak odkrywcze i nowe, że trudno mi było to przyswoić. „To znaczy, że jeśli odmówię terapii potencjalnym pacjentom, wówczas mogą poczuć się rozczarowani, ale niekoniecznie ich zawiodę?". „No cóż, zawsze możesz polecić im innych terapeutów, którym ufasz, by ci ludzie otrzymali potrzebną pomoc. A zawieść ich możesz, jeśli przyjmiesz ich na terapię, a sama będziesz tak przepracowana i zmęczona, że nie będziesz w stanie im pomóc. Jeśli ktoś poczuje się rozczarowany, to musi sam poradzić sobie z emocjami, ty za to nie ponosisz odpowiedzialności. Po prostu nie jesteś odpowiedzialna za emocje innych ludzi".

BYCIE ZBYT EMPATYCZNYM

Jest wiele powodów, dla których nie jesteśmy w stanie odmówić prośbom i żądaniom innych ludzi. Tak jak już pisałam w rozdziale drugim, sprowadza się to do różnych odmian unikania gniewu i uzależnienia się od aprobaty: strachu przed konfliktem i pragnieniem utrzymania pokoju za wszelką cenę, strachu przed złością (swoją bądź innych) oraz chęcią zachowania dobrego mniemania o sobie i sympatii innych.

Jest też jednak inna strona empatii: nie chcemy rozczarować innych, bo sami dobrze wiemy, co to znaczy być rozczarowanym. Mamy więc okropne poczucie winy, że możemy być odpowiedzialni za zranienie czyichś uczuć. Aby uniknąć poczucia winy, często zgadzamy się na coś, podczas gdy wcale nie mamy na to ochoty. Czy jednak naprawdę *wiemy*, jak inni czują się w danej sytuacji? Myślimy, że tak, ale przecież nie mamy o tym pojęcia. Możemy jedynie zakładać i domniemywać, jak ktoś się zachowa, na podstawie własnego sposobu myślenia i reagowania. Takie podejście psychoterapeuci nazywają „projekcją" (podobnie jak projekcja naszego filmu na czyimś ekranie). Nie jest to często odpowiedni wskaźnik, bo nasz film oglądamy przez pryzmat własnej historii, doświadczeń, lęków i bólu, a ktoś inny odbiera to po swojemu.

Weźmy taki przykład. Jeśli ja miałabym kogokolwiek zwolnić z pracy, truchlałabym ze strachu, myśląc, że to najgorsze zadanie na świecie. Zaraz pojawiłby mi się przed oczami obrazek zwolnionego przeze mnie człowieka, który siedzi przed domem z wywieszką „do sprzedania", zakutany w łachmany, a jego dzieci żebrzą o pieniądze. Natomiast moja znajoma menedżerka podeszłaby do tego inaczej, zakładając, że dała im szansę zrealizowania życiowego marzenia: wyruszenia w rejs dookoła świata czy zmiany ścieżki kariery zawodowej. Ona w zwolnieniu kogoś widziałaby jego szansę, a ja postrzegałabym to jako tragedię.

Która z nas miałaby rację? Pewnie żadna, ponieważ każdy człowiek będzie reagował inaczej na określone wydarzenia. Trzeba więc zadać pytanie, jak sobie wyobrażamy czyjąś reakcję na odmowę lub odwołanie spotkania. Co się dzieje, kiedy znajomi coś odwołują? Często, mimo naszej sympatii do nich, czujemy ulgę, bo jesteśmy zmęczeni, chcielibyśmy spokojnie spędzić wieczór i wcześnie położyć się spać. Dlaczego więc oni mieliby czuć się inaczej? Nie można zakładać, że znamy ich reakcje emocjonalne. I przede wszystkim: nie jesteśmy odpowiedzialni za to, jak ktoś się zachowa, można być odpowiedzialnym jedynie za własne zachowanie. Oczywiście nie oznacza to, że zamieniamy się w amoralnego psychopatę z jego brakiem empatii do bliźnich. Po prostu namawiam do obniżenia o stopień lub dwa progu emocji, aby zobaczyć, co się stanie.

NADMIAR ZOBOWIĄZAŃ

Oczywiście, dość paradoksalnie, Mili często *zawodzą* ludzi, ponieważ zobowiązują się do zrobienia zbyt wielu rzeczy na raz. A to dlatego, że w odpowiednim momencie nie potrafią komuś odmówić. Aby uniknąć sprawienia komuś zawodu, staramy się nie odmawiać, co kończy się czasem (lub często) wzięciem na siebie zbyt wielu zobowiązań. I w jeden wieczór mamy dwie, trzy imprezy, a oprócz tego dużo do zrobienia. Czy zdarza ci się to, czytelniczko? Czy w piątek twój kalendarz zapełniony jest przeróżnymi zapiskami w różnych kolorach i wygląda mniej więcej tak:

> Pomóc w przygotowaniu poczęstunku w szkole. Wpaść do X, zostawić napoje. Ugotować obiad. Pójść do kina z Y. Postarać się wpaść na urodziny Z, żeby choć złożyć życzenia.

Kończy się tak, że robimy wszystko byle jak, z czego jesteśmy niezadowoleni (nawet siedząc w kinie, nerwowo zastanawiamy się, jak długo będą jeszcze wyświetlać reklamy, kiedy skończy się film, ile czasu zajmie omawianie go z Y, kiedy będzie można grzecznie odejść, i wreszcie, ile czasu zabierze dojazd na przyjęcie Z...). Czasem pojawia się poczucie winy (zbyt szybko zjadłaś rodzinny obiad, nie porozmawiałaś należycie z dziećmi i choć chciałaś to zrobić, zamieniłaś z nimi kilka słów na poczęstunku w szkole, bo niania musiała wracać do domu). Albo też nie zrobiłaś nic z powyższych rzeczy, bo wzięłaś na siebie za dużo zobowiązań we wtorek, środę i czwartek, a w piątek rzuciłaś się na łóżko wykończona, zanim zapadł wieczór. Brzmi to znajomo?

Jakie jest rozwiązanie takiego stanu rzeczy? Znowu takie samo: spróbować zrobić coś inaczej niż zwykle.

CODZIENNIE KOGOŚ ROZCZAROWAĆ

Zdobądź się na odwagę przetestuj ukryte obawy przed czyjąś złością, dezaprobatą znajomych i przyjaciół odwracających się od ciebie plecami. Nie bój się, że zostaniesz całkowicie sama, bez przyjaciół, zamiast być rozrywana i zajęta, mimo że czasem (lub często?) jesteś przepracowana, wykończona i rozżalona.

Tydzień rozczarowywania w wykonaniu Kirsty

Kirsty zgłosiła chęć zrobienia tygodniowego eksperymentu behawioralnego dla zaawansowanych i zgodziła się pokazać swoje zapiski z dzienniczka wyzwań. Oto one (imiona zostały zmienione):

> **Środa** Udało mi się wpisać na dzisiaj trzy zobowiązania, bo nie chciałam nikogo zawieść i byłam tchórzem. Miałam się spotkać z Sean, starą znajomą jeszcze z czasów studiów, która siedzi, uziemiona w domu, z dziećmi i rzadko

ma okazję, by gdzieś wyjść; miałam pójść na zdjęcia z Marie, której nie widziałam od wieków i mam z tego powodu wyrzuty sumienia, a do tego Paul przypomniał mi jeszcze, że wieczorem miałam przyjść do niego do pracy! Wiedziałam o tym wszystkim od tygodnia, ale odkładałam kontakt z S i M, bo czułam się winna. Codziennie narastało we mnie poczucie winy, że jeszcze do nich nie zadzwoniłam, i dręczyłam się wyrzutami sumienia... byłam zestresowana i zdołowana, że sprawię im zawód. W końcu napisałam do nich obu e-maila – tchórzliwe rozwiązanie sprawy. Nie przejęły się tym bardzo, ale pewnie jeszcze mniej przejęłyby się, gdybym uprzedziła je wcześniej. Muszę być odważniejsza i uprzedzać ludzi wcześniej! Moje dwie koleżanki nie robiły z tego problemu, bo same należą do Miłych i dlatego się nie skarżą.

Czwartek Miałam spotkać się ze straszną Babs, która odchodzi z pracy. Jednak z upływem dnia zdałam sobie sprawę, że powinnam wcześniej pójść spać, bo miałam za dużo roboty, a Max obudził mnie o szóstej rano. Wcześniej nawet *nie pomyślałabym* o odwołaniu spotkania. Zrobiłabym coś, żeby się ożywić, zjadłabym czekoladę, wzięłabym prysznic i po prostu poszła. I, oczywiście, nie wspomniałabym słowem, że jestem zmęczona, i przeszła na miły, zabawowy tryb działania w zależności od potrzeb chwili.

Tymczasem, podejmując wyzwanie „codziennego rozczarowania kogoś", zdecydowałam się przyjąć inny tryb działania i wykorzystać okazję do zrobienia czegoś inaczej niż zwykle. Mój czynnik strachu był wysoki, ponieważ ta koleżanka już w przeszłości otwarcie wyrażała swoje rozczarowanie moją postawą. W dodatku umie długo milczeć, co bardzo mnie dotyka i stresuje. Byłam tak zestresowana tym, żeby zadzwonić do niej, że zrobiłam to dopiero o siedemnastej. Wzięłam wcześniej kilka głębszych oddechów i przystąpiłam do działania. Żołądek podszedł mi do gardła, ręce się trzęsły. Zdumiona, natknęłam się na automatyczną sekretarkę! Cóż za ulga! Zostawiłam wiadomość. Nie skłamałam, żeby się usprawiedliwić. Po prostu powiedziałam, że byłam zbyt zmęczona, aby się spotkać, i potrzebowałam wcześniej się położyć. Wyraziłam również nadzieję, że nie jest zbyt rozczarowana, bo wiedziałam, że będzie więcej osób. Z przerażeniem tylko czekałam, aż oddzwoni, żeby wyrazić swoje niezadowolenie. Nie mogłam się skupić na czytaniu bajki dziecku. Wysłałam jej jeszcze SMS-a na wypadek, gdyby nie odsłuchała pozostawionej wiadomości. W końcu oddzwoniła i była... urocza i miła! Powiedziała, żebym się nie przejmowała, tylko wcześniej położyła się spać, a my nadrobimy to spotkanie wkrótce. Nie mogłam w to uwierzyć! To był mój najodważniejszy jak dotąd eksperyment! Dlaczegóż wcześniej nic podobnego nie zrobiłam? Poczułam się wzmocniona i gotowa na więcej.

Piątek Uprzejmie odmówiłam spotkania agentowi nieruchomości, który z początku był nieco oziębły, ale potem wysłał bardzo miłego e-maila. Kłopotliwa sytuacja wynikała stąd, że odniosłam się zbyt entuzjastycznie do nieodpowiedniego dla nas mieszkania, bo nie chciałam mu sprawić przykrości. Głupie zachowanie – Paul w takich sprawach jest bezpośredni. Czy zależy mi na tym, by agent nieruchomości mnie lubił? Czy podświadomie chcę być jego ulubioną klientką?

Sobota Trudna klientka w gabinecie kosmetycznym. Nie powiedziałam jej tego, co chciała usłyszeć, i nie zgodziłam się przedłużyć zabiegu, bo miałam wypełniony grafik. To bardzo trudne zadanie. Przed wyjściem zaczęła mi opowiadać swoją smutną historię o rozstaniu z partnerem, więc byłam kompletnie rozdarta. Czułam się paskudnie i wstrętnie, ale trzymałam się grafiku (usprawiedliwiłam się, powołując na moją szefową).

Niedziela Odmówiłam kotce pieszczot! Przeważnie nie mogę się oprzeć jej manipulacjom, kiedy przychodzi do mnie, patrzy tymi swoimi wielkimi oczami i żałośnie miaucząc, domaga się pieszczot. Zawsze myślałam, że muszę jej ulec, bo będzie czuła odrzucenie i smutek. Tylko że mam alergię na kocią sierść, więc pogłaskanie kota zawsze kończy się tym, że mam czerwone, piekące oczy, a dziesięć minut później puchnę i swędzi mnie w gardle. Tym razem postawiłam własne potrzeby na pierwszym miejscu i zignorowałam ją. Swoją drogą, skąd mogę wiedzieć, co myśli i czuje kot? Jacqui powiedziałaby, że mam projekcję i przerzucam na kota swoje uczucie odrzucenia z dzieciństwa!

Mama Paula przyszła na lunch. Starałam się nie być perfekcyjną synową, pozostawiając troskę o zajmowanie się nią Paulowi. Kiedy zaczęła mówić o rodzinnych planach na wigilię, powiedziałam, że jeszcze nie wiem, co będziemy robić i że zadzwonimy. Wyglądała na nieźle wkurzoną, bo przeważnie na wszystko się zgadzam. Poczułam się niezręcznie. To była najtrudniejsza jak dotąd reakcja emocjonalna.

Poniedziałek Początek nowego trybu kładzenia Maxa spać. Wytyczanie jaśniejszych zasad dotyczących pory spania. Odprowadzanie go do łóżeczka, kiedy przychodzi do nas w nocy. Informację o tym należy mu przekazać miło, ale zdecydowanie. W poradniku przeczytałam, że potrzebujemy dwóch tygodni, aby mały przestał przychodzić do naszego łóżka. Mam nadzieję, że się uda, bo te jego wędrówki naprawdę są dla nas uciążliwe. Max płakał przeszło godzinę, aż serce mi pękało. Paul jest przy mnie, to pomaga.

Wtorek Znowu zepsuł się bojler! Zawiódł nas hydraulik, mimo że spędziłam całe godziny,

> przyjmując go herbatą, aby stworzyć miłą relację z nim i sprawić, że będzie nas lepiej traktował. Nie byłam dla niego miła przez telefon i powiedziałam prawdę, że zamarzamy w domu! Marie poradziła mi, żeby wykupić dodatkową gwarancję na bojler, a wówczas nie trzeba być dla kogoś nadmiernie miłym.

Spytałam Kirsty, jak się czuje po tym tygodniu. „Byłam zadziwiona, ile rzeczy mogę sobie darować. Ludzie dużo mniej się wszystkim przejmowali, niż mi się wydawało, i byli dużo bardziej rozsądni. Czasem było trudno, ale mówię pani, że wieczór, kiedy wcześniej poszłam spać, dał mi siłę i energię do rozpoczęcia treningu z usypianiem Maxa. A sądzę, że jeśli pozytywnie go zakończymy, moje zdrowie psychiczne tylko na tym zyska!". „Co było najtrudniejsze?", spytałam. „Z pewnością teściowa. Myślę, że była zaszokowana, że nie zachowałam się potulnie jak zwykle. Czułam napięcie po tym spotkaniu. Myślę, że była na mnie rzeczywiście wściekła".

Wspólnie z Kirsty zgodziłyśmy się, że przyszłość z pewnością przyniesie więcej wyzwań, skoro zdecydowałam się nie zawsze przedkładać potrzeby innych ponad swoje.

PRZYGOTUJ SIĘ NA REAKCJĘ BĄDŹ JAK DAWNIEJ

To, z czym spotkała się Kirsty w kontakcie z teściową, było właśnie przykładem sytuacji „Chcę dawnej ciebie!". Świetnie udokumentowała to zjawisko Harriet Lerner w swojej klasycznej już książce *Karuzela bliskich więzi*. My zmieniamy dotychczasowe zasady postępowania, a ludzie wokół, którzy przyzwyczaili się już do tego, że mogą domagać się od nas pewnych rzeczy, z pewnością będą rozczarowani. Niektórzy poczują się dotknięci i wściekli i wyrażą to głośno (tak jak syn Kirsty), a inni mniej bezpośrednio (jak jej teściowa). Będą tacy, którzy zapewne znikną z naszego życia, kiedy zdadzą sobie sprawę, że nasze stare zasady angażowania się we wszystko już nie działają, a oni nie akceptują nowych. Wszyscy z twojego otoczenia w ten czy inny sposób zapewne dadzą ci do zrozumienia, co czują. Na tym właśnie polega zjawisko „Bądź jak dawniej!".

My, oczywiście, będziemy super wyczuleni na najmniejszy przejaw emocji, których przez całe życie staraliśmy się unikać. Nasi rozmówcy nawet nie będą musieli nic mówić – najdrobniejsza oznaka niezadowolenia, opadnięty kącik ust, zwężone oczy wyślą sygnał ostrzegawczy do mózgu i jego ośrodka zagrożenia, czyli do ciała migdałowatego, które sprawi, że zdrętwiejemy ze strachu (patrz „Tygrys w głowie", s. 260).

Kiedy tak się niechybnie stanie, postarajmy się sobie przypomnieć, *dlaczego* przede wszystkim chcieliśmy się zmienić, jaką mieliśmy motywację? Używając sformułowania upowszechnionego przez ruch praw obywatelskich: Nie spuszczajmy wzroku z nagrody. Może nią być to, że będziemy wzorem do naśladowania dla swoich dzieci (tak jak u Samanthy, patrz s. 222), czy uświadomienie sobie, że to droga do zdrowszego i lepszego stylu życia (tak jak to odkryła Amanda, patrz s. 68).

Starajmy się nie kryć ze swoim nowym, asertywnym zachowaniem, by nie wysyłać sprzecznych sygnałów i nie pozwolić ludziom (zwłaszcza dzieciom) na zwątpienie w to, co mówimy i robimy. Zachowanie naszego otoczenia typu „Chcę dawnego/dawnej ciebie!" może zmierzać do manipulacji, wywołania w nas poczucia winy, próbę ukarania nas, co przejawia się dąsaniem, skąpieniem nam miłości i czułości. Zwróćmy się wówczas po pomoc do zaufanego przyjaciela, by wsparł nas w stanowczym i konsekwentnym wprowadzaniu zmian, szczególnie jeśli naprawdę zależy nam na osiągnięciu celu. Czasem też dobrym pomysłem jest wytłumaczenie swoim bliskim, jasno i spokojnie, *dlaczego* pragniemy się zmienić oraz jak te zmiany mogą pozytywnie wpłynąć na wszystkich. Jeśli sami uwierzymy w racjonalność swojego postępowania i w to, że mamy prawo robić to, co staramy się zrobić, wówczas jest szansa, by i wszyscy dookoła nas w to uwierzyli i przekonali się o zaletach takiego postępowania.

POSTĘPY LIZ

Liz, Miła koleżanka, którą poznaliśmy w rozdziale trzecim, ponad rok eksperymentowała z rozczarowywaniem ludzi, kiedy zadzwoniłam do niej z pytaniem, jak jej idzie. Odpowiedziała mi w e-mailu:

> „Doskonale czuję, że w efekcie mojej terapii mnóstwo rzeczy się zmieniło. Ogólnie myślę, że jestem dużo spokojniejsza i mniej zestresowana niż przedtem. I mimo że nie udało mi się całkowicie wyeliminować stresu z mojego życia, dużo lepiej sobie teraz z nim radzę. Zdałam sobie sprawę, że miałam poczucie obowiązku regularnego widywania się z wszystkimi moimi znajomymi i udało mi się z tym zmierzyć. Miałam dobre podejście do tej kwestii, uporządkowałam częściowo swoje relacje z ludźmi. Te przyjaźnie, które są dla mnie ważne, wartościowe i sprawiają mi radość, utrzymałam. Spotykanie się z przyjaciółmi jest dla mnie prawdziwą przyjemnością, ale dojście

do tego momentu było ciężkie i długotrwałe. Teraz mam tylko kilkoro bliskich przyjaciół i to mi zdecydowanie bardziej odpowiada. Czuję dużo większą kontrolę nad wszystkimi moimi relacjami i nie odczuwam już żadnej presji ani obowiązku w tej kwestii. Jednak największe i najważniejsze zmiany zaszły w moich kontaktach i relacji z dziećmi. Jestem, jak dotąd, najbliżej ideału. Nauczyłam się odpuszczać pewne sprawy i walczyć jedynie wtedy, kiedy naprawdę jest o co. W efekcie bardzo się do siebie zbliżyliśmy, więcej ze sobą rozmawiamy, więcej czasu razem spędzamy, a dzieci przyjaciół spędzają w naszym domu więcej czasu niż w swoim. Jeszcze czasami czuję się tak, jakby to, co robię, było oczywiste i często muszę policzyć do dziesięciu, kiedy dom jest zaniedbany i panuje w nim chaos, ALE naprawdę wolę nieład w domu i bliższe relacje z dziećmi, niż miałoby być odwrotnie".

Relacje Kirsty i Liz pokazują ich zmagania się ze zmianami na dużą skalę, wywołującymi oczywiste rozczarowania. A co z mniejszymi, dużo subtelniejszymi ich przejawami? Co by się stało, gdybyśmy *nie* uśmiechali się zachęcająco do ludzi, przestali się śmiać z ich opowieści i żartów, nie zadawali im pomocniczych pytań dla podtrzymania rozmowy, nie ułatwiali im kontaktów z innymi? Te wszystkie zachowania nazywam mikrorozczarowaniami.

PENNY, MĘŻCZYŹNI I MIKROROZCZAROWANIA

Na jednym z prowadzonych przeze mnie warsztatów dyskusja zeszła na kwestie mikrorozczarowań. Poprosiłam uczestników o znalezienie własnych przykładów takiego zachowania, by uświadomili sobie, że coś takiego istnieje. Jedna z kobiet stwierdziła, że rzeczywiście przejawia podobne zachowania w stosunku do mężczyzn. „Wcale nie mam na celu być arogancką", przyznała z zakłopotaniem, „ale mężczyźni często się mną interesują, nawet ci, których po prostu nie lubię. Myślę, że całe życie zachowywałam się w opisany przez panią sposób, nie do końca zdając sobie z tego sprawę i nie wiedząc, że można postępować inaczej".

Penny, atrakcyjna, około pięćdziesięcioletnia dyrektorka szkoły, zaśmiała się gorzko, kiedy to sobie uświadomiła. „Nie uwierzycie", zaczęła odważnie, „ale byłam mężatką już trzy razy, bo nie chciałam rozczarować i zawieść mężczyzn, którzy chcieli się ze mną ożenić". Nie będzie przesadą, jeśli powiem, że reakcją były głosy zdumienia w grupie. „To chyba żart, prawda?”, spytała siedząca obok niej kobieta. „Chciałabym, żeby to był żart”, odparła zażenowana Penny. „Mój ostatni mąż oświadczył mi się w przepięknej restauracji w dzień zakochanych. Kiedy wyciągał z kieszeni pierścionek zaręczynowy, widziałam w jego oczach wrażliwość oraz strach, że mogę go odrzucić, i po prostu nie mogłam się zdobyć, by powiedzieć nie. Tymczasem, już zgadzając się, wiedziałam, że źle robię, bo wcale nie chciałam go poślubić. Ale jednocześnie nie mogłabym znieść bólu i rozczarowania w jego oczach”. „O rany”, nie mogła uwierzyć osoba siedząca obok Penny. „A czy teraz się z kimś spotykasz?” „Właśnie dzisiaj jestem umówiona na randkę z mężczyzną, którego lubię, nie aż tak bardzo, i zastanawiam się, czy udałoby mi się być mniej entuzjastyczną, mniej śmiać się z dość słabych dowcipów opowiadanych przez niego i być chłodniejsza, czyli bardziej szczera wobec siebie. Chyba będzie to ciężkie. Stare przyzwyczajenia bardzo trudno zwalczyć”.

W rozdziale jedenastym dowiemy się, jak przebiegła randka Penny. Tymczasem pragnę przedstawić inny rodzaj wyzwania, związany z eksperymentem behawioralnym dla zaawansowanych.

MNIEJ POMAGAJ – USIĄDŹ NA SWOICH RĘKACH

Czy podejmiesz wyzwanie i – dosłownie – usiądziesz na swoich rękach, żeby nie zgłaszać się, kiedy szukają ochotnika (nie będziesz zgłaszać się też w momentach, kiedy naprawdę nie ma nikogo innego, kto by się zgłosił)? Ile przekonań kluczowych trzeba by złamać, widząc jakąś potrzebę do zaspokojenia i nie robiąc nic w tej sprawie absolutnie nic...? Przecież ludzie zawsze będą mieli jakieś potrzeby, ich żądania nigdy się nie skończą. A tymczasem, co z *twoimi* potrzebami, jak one się mają w kontekście niekończących się potrzeb innych osób?

Ostatnio miałam okazję się z tym zmierzyć. Czekałam na autobus 46, kiedy zaczął się rozgrywać mały dramat. Do osób stojących na przystanku podbiegła lekko spanikowana kobieta i zaczęła wszystkich w kolejce pytać, gdzie jedzie autobus i kiedy odjedzie. Minutę później widziałam ją już z inną kobietą z kolejki. Po chwili obie weszły na jezdnię i bardzo nerwowo starały się zatrzymać taksówkę, machając rękami.

Ja siedziałam na drewnianej ławce za przystankiem, sącząc kawę z kubka na wynos i ciesząc się pierwszymi promieniami wiosennego słońca padającymi na moją bladą, zmęczoną po zimie twarz (patrz „Oceń swój dzień", s. 157), i czułam wzbierające w ciele napięcie. Udzieliło mi się zdenerwowanie obu kobiet, kiedy próbowały zatrzymać taksówkę. Język ich ciała przekazywał napięcie i desperację. Zaczęłam już układać sobie w głowie scenariusz tego zdarzenia: jedna z kobiet spieszyła się na ważne spotkanie, ale zgubiła się i była spóźniona. Druga bez powodzenia próbowała jej pomóc. Czułam, jak w moim mózgu zaczynają pracować Miłe połączenia neuronów, które każą mi interweniować: „No dalej! Pomóż im! Zaangażuj się!". Zrobiłam jednak kilka głębszych wdechów i zadałam sobie pytanie, czy naprawdę jestem w stanie zrobić coś ponad to, co robią już te kobiety?

Świadomie skoncentrowałam się na fizycznych odczuciach tego, co działo się tu i teraz: smaku kawy, ciepłych promieniach słońca, starając się uspokoić. Kiedy uniosłam wzrok, kobieta już pojechała, najwidoczniej udało jej się złapać taksówkę lub znaleźć inne rozwiązanie swojego problemu. Jakkolwiek to się potoczyło, moja pomoc nie była potrzebna. Nie angażuj się. *Usiądź na swoich dłoniach*.

JAK PROSIĆ O POMOC

Często jest tak, że Mili mają tendencję do udzielania ciągłej pomocy bliźnim, a sami nie są w stanie o nią poprosić. Ujęłam ten problem w rozdziale o eksperymentach behawioralnych dla zaawansowanych, ponieważ z wielu powodów proszenie o pomoc przychodzi Miłym niezwykle trudno. Czy nie wzdrygasz się na samą myśl o tym? A może nawet wolisz pominąć ten wątek, ponieważ nie chcesz o tym myśleć?

Pacjenci podają mi rozliczne przyczyny tego, co stanowi dla nich tak duży problem. Często przewijają się w nich różne wersje przekonań kluczowych, jak na przykład: ZAWSZE MUSZĘ BYĆ SILNY, SAMOWYSTARCZALNY. Jeśli pytam pacjentów, jak by się czuli, prosząc o pomoc, wówczas niezmiennie pojawia się druga strona medalu: JEŚLI POPROSZĘ O POMOC, BĘDĘ POSTRZEGANY JAKO KTOŚ SŁABY, POTRZEBUJĄCY POMOCY, WRAŻLIWY; INNI MOGĄ TO WYKORZYSTAĆ, I JESZCZE DODATKOWO BĘDĘ IM COŚ WINIEN. Inne powszechne przekonania to różne wersje potrzeby kontrolowania wszystkiego i perfekcjonizmu, często podszyte nieuświadomionym lękiem. I tak, na przykład, Mili uważają, że: „Nie ma sensu prosić kogokolwiek o pomoc, bo przecież nikt nie zrobi tego tak jak my sami. Prościej i szybciej jest, bym sam/sama to zrobił/a". Ten sposób myślenia, oczywiście, podsyca uczucie żalu, poświęcania się, wrażenie izolacji oraz umacnia przekonanie, że jest się samemu ze wszystkim, i nie ma się pomocy od nikogo.

Historia Susie

Jeśli pamiętacie z rozdziału pierwszego, Susie była wychowywana z piątką rodzeństwa przez matkę, wdowę, która pracowała na trzy etaty, by związać koniec z końcem. Niepisaną zasadą rodziny było nieproszenie nikogo o pomoc oraz niezwierzanie się nikomu z trudnej sytuacji rodziny (trzymamy się razem i razem dajemy sobie ze wszystkim radę). Susie przeniosła tę zasadę w dorosłe życie i mimo że była dobra w proszeniu własnych dzieci, by same ciągnęły swoje wózki (tak jak to robiła ona i jej bracia), rzadko zwierzała się komuś obcemu i *nigdy* nie prosiła nikogo o pomoc, o ile nie była w stanie odwdzięczyć mu się w jakiś sposób.

Miesiącami pracowałyśmy nad tym podczas sesji. Susie, która jest niezwykle dociekliwą i spostrzegawczą kobietą, szybko dostrzegła związek pomiędzy tym, że czuła się emocjonalnie wyalienowana, gdyż nikt nie znał jej dobrze, ani jej nie rozumiał, a faktem, że z nikim nie dzieliła swoich trudnych i obciążających myśli i emocji. „Wszyscy myślą, że jestem wszechmocną super kobietą!", skarżyła mi się. „Ale dlaczego tak myślą?", zapytałam. „Tylko tu możesz powiedzieć im prawdę, że jesteś zwykłym, zmagającym się z życiem człowiekiem, jak my wszyscy". Jednak takie wyznanie okazało się zbyt ryzykowne dla Susie, ponieważ siedzące w niej dziecko czuło się przerażone złamaniem rodzinnych zasad. W pewnym stopniu była to dla niej kwestia życia lub śmierci i niezwykle trudno było przekonać to wewnętrzne dziecko, że tylko ona sama, dorosła Susie, załatwi sprawę.

Susie, zachęcona i pozytywnie zmotywowana naszą pracą podczas terapii, zaczęła podejmować ryzyko rozwiązania swoich problemów. Zbliżyła się do dwóch innych mam i zaczęła powoli odsłaniać się przed nimi, czego nigdy wcześniej nie próbowała nawet robić. Poprosiła je także o pomoc w odbieraniu dzieci ze szkoły raz w tygodniu, aby mogła wziąć udział w kursie edukacyjnym dla dorosłych, który był dla niej ważny ze względu na jej potrzebę dobitniejszego wyrażania siebie.

Postępy Jessiki

Niepisana zasada w rodzinnym domu Jessiki również mówiła, że należy radzić sobie samemu i nie prosić nikogo o pomoc. Dopytywanie się o cokolwiek w pracy było dla niej niewyobrażalne i stawiało ją, w jej mniemaniu, w złym świetle, bo przecież zawsze *powinna* wiedzieć, co należy zrobić, lub sama dojść do tego, jeśli nie wie. Jednak pracując nad swoją hierarchią strachu (patrz rozdział ósmy), uświadomiła sobie z czasem, że należy zwrócić się do szefa o pomoc w wyznaczaniu granic obowiązków służbowych oraz odmawiać kolegom, którzy prosili ją o zrobienie nierealnych w danym czasie rzeczy. Nie była w stanie sprostać wszystkiemu sama. Oto fragment dzienniczka Jessiki z jej terapii:

> „Granie w otwarte karty z moim menedżerem było dużym krokiem naprzód. Powiedziałam mu, że trudno jest mi odmawiać wykonania pewnych rzeczy i dotrzymać niemożliwych do zrealizowania terminów. To wyznanie napawało mnie lękiem, ponieważ miałam wrażenie, że krytykuję kolegów, którzy zwracają się do mnie z jakąś prośbą w ostatniej chwili. Tymczasem mój szef zgodził się ze mną! Zasugerował, żebym spróbowała to sama z nimi załatwić, a jeśli to nie pomoże, zawsze mogę się powołać na rozmowę z nim. I czasami sama myśl, że szef siedzi tuż obok, kiedy ktoś przychodził do mnie z prośbą, dawała mi siłę, by samej poradzić sobie z petentem”.

Spytałam Jessikę, jak się czuła, kiedy zaczęła odmawiać spełnienia próśb kolegów z pracy. „Na początku byłam bardzo spięta, ale z czasem przychodziło mi to coraz łatwiej. Myślę, że w dzisiejszych czasach ludzie bardziej liczą się z możliwością odmowy", odpowiedziała z uśmiechem. „I proszę sobie wyobrazić, że często reakcja na moją odpowiedź była bardzo spokojna, a proszący rozumiał, dlaczego nie mogę spełnić jego prośby!"

Do czego to doprowadzi?

Naprawdę nie trzeba *codziennie* kogoś rozczarowywać. I bez wątpienia nie należy odmawiać dla zasady, aby się wykazać i być najlepszym uczniem w klasie. Mój pomysł powstał dlatego, by został zapamiętany, ponieważ włączenie podobnego elementu zabawy do zestawu przerażających i z pozoru niewykonalnych wyzwań okazuje się pomocne.

Jedna z moich koleżanek powiedziała, że kiedy utknie w korku lub o tym myśli, zaraz na jej ustach pojawia się diaboliczny uśmiech. I to ona, która narzuciła sobie rolę opiekuna emocjonalnego innych ludzi, troszczy się o ich dobre samopoczucie i przenigdy nie chciałaby nikogo rozczarowywać! Jednak pomysł z rozczarowywaniem to otwarta furtka, dzięki której czuje, że może coś zrobić inaczej niż zwykle i wcale nie zostanie uznana za wstrętną i złą. Przecież małe odstępstwo od reguły nie jest grzechem. „Udało mi się: stojąc w korku, nawet automatycznie nie wpuszczam *żadnego* samochodu, który chce wjechać na mój pas", powiedziała, puszczając do mnie oko.

Pamiętaj: to, że zaczynasz bardziej dostrzegać siebie i troszczyć się o swoje potrzeby, nie oznacza wcale, że stajesz się złą i samolubną osobą. Po jakimś czasie zaczniesz nawet dostrzegać, że dawanie stało się bardziej szczere i bezinteresowne, a tym samym dla wszystkich korzystniejsze.

PODSUMOWANIE

W tym rozdziale skupiliśmy się na eksperymentowaniu z łamaniem starych zasad i wzorców myślenia oraz postępowań charakterystycznych dla Miłych:

- Istnieje różnica pomiędzy sprawieniem komuś zawodu a rozczarowaniem go. Nie jesteś odpowiedzialny za emocje innych ludzi.
- Nie możesz domniemywać, co myślą i odpowiedzą inni ludzie. Być może ulży im, że odwołało się spotkanie, sami chcieli się wcześniej położyć spać.
- Ludzie mogą oczekiwać, a czasem nawet żądać, byś wrócił do starych wzorców zachowań osób Miłych, i będą komunikować ci to pośrednio czy też bezpośrednio. Bądź przygotowany/a na taką ewentualność. Staraj się jednak zachować spokój i konsekwentnie trzymaj się

wprowadzonych przez siebie zmian, pamiętając o tym, dlaczego zacząłeś/ęłaś je wprowadzać.

- Mniej pomagaj – usiądź na dłoniach i nie spiesz się ze zgłaszaniem swojej gotowości do działania.
- Poeksperymentuj z proszeniem zaufanych ludzi o pomoc, zarówno w wymiarze emocjonalnym, jak i praktycznym.

ROZDZIAŁ DZIESIĄTY

Bądź przygotowany na nieoczekiwane sytuacje

Kiedy już spróbowaliśmy wykonać pewne eksperymenty behawioralne (a niektórzy nawet takie eksperymenty dla zaawansowanych), wtedy, mam nadzieję, łatwiej będzie poczuć się bardziej pewnym siebie i nabrać odwagi radzenia sobie z trudnymi sytuacjami, kiedy ma się szansę przemyślenia strategii na przeprowadzenie danej rozmowy czy wcielenie pewnego planu w życie. Nazywam to zachowanie proaktywnym, ponieważ w pewnym stopniu kontroluje się i prowadzi daną interakcję. Weźmy za przykład mój eksperyment z oddaniem sukienki (patrz s. 205): miałam wpływ i kontrolę, kiedy go wykonam, choć teoretycznie czekałam na odpowiedni moment, kiedy dojrzeję i poczuję w sobie siłę, by zmierzyć się z tą stresogenną dla mnie sytuacją. Nie miałam, oczywiście, wpływu na to, jak druga strona się zachowa i co powie, ale układając swój plan, wzięłam pod uwagę różne możliwości, łącznie z wizją fizycznej wręcz walki (przypominającą nieco scenę bójki w barze, rodem z hollywoodzkiego filmu). I wybrałam zestaw narzędzi dostosowanych do okoliczności.

STRATEGIE W SYTUACJACH NIEPRZEWIDYWALNYCH

Wiele lub większość sytuacji w życiu należy do *reaktywnych*: są kompletnie niezaplanowane i nieprzewidywalne, a my jesteśmy wówczas zmuszeni reagować na nie od razu. A często w takich wypadkach są to skrajne emocje ludzkie. Jednak nawet w obliczu nieprzewidzianych okoliczności łatwiej poradzimy sobie, mogąc wykorzystać dostępne narzędzia i strategie.

Chciałabym zacząć od tych zupełnie łagodnych, a przy tym niezwykle efektywnych strategii. Jedną z nich jest moc naszego oddechu, towarzysząca chęci do wprowadzania zmian. Wielu osobom może się to wydać mało przekonujące jako zbyt proste, ale ja nauczyłam się sztuki uważnego oddychania i chciałabym się tym podzielić z czytelnikami. Oto przykład ilustrujący ten proces:

Ostatnio prowadziłam w Holandii warsztaty dla pracowników różnych narodowości. Jedna z uczestniczek wyglądała na posępną i zdenerwowaną, jakby wcale nie miała ochoty wziąć w nich udziału. Miałam wrażenie, że wolałaby być wszędzie, tylko nie w dusznej sali w ten pewnie już ostatni słoneczny dzień lata. Z grymasem niezadowolenia i bardzo niemiłym głosem poinformowała mnie, że musi usiąść z przodu, gdyż nieco niedosłyszy, a ja muszę głośno mówić (w tym momencie jeszcze nawet nie zaczęłam tego robić).

Po dziesięciu minutach wykładu poprosiłam słuchaczy o podzielenie się swoimi wrażeniami i komentarzami na temat tego, co usłyszeli. Olga, ta nieprzyjemna uczestniczka, warknęła: „Nie słyszałam nawet słowa". „No dobrze", odpowiedziałam, czując ciarki na plecach, ale uśmiechnęłam się miło (choć uśmiech pozostał na ustach, nie pojawił się w oczach). „Czy ktoś z państwa mógłby streścić pani Oldze to, o czym mówiłam?" Jednak zanim ktokolwiek zdążył coś powiedzieć, Olga rzuciła: „Nie ma takiej potrzeby. Ja już wszystko wiem. Psychologia to moje hobby. Wiem już wszystko, nikt tu mnie niczym nie zaskoczy".

Teraz pisząc to, już się śmieję, ale w tamtym momencie miałam ochotę się rozpłakać i uciec. Albo nawet ją spoliczkować. Walcz, uciekaj albo zastygnij w bezruchu – psychologiczna odpowiedź ciała na zagrożenie (patrz s. 118) zadziałała natychmiast. Żołądek podszedł mi do gardła, mięśnie karku zesztywniały i poczułam suchość w ustach. Ośrodek strachu umiejscowiony w mózgu, ciało migdałowate, włączyło alarm, którego nie dało się zignorować: „Tit, tit, tit! Uciekaj stąd! Natychmiast opuść ten budynek! Zostaw wszystkie rzeczy i uciekaj! Możesz zginąć!". (Kiedy byłam na stażu dziennikarskim, uczono mnie, żeby nie używać wykrzykników w tekście, ale ja uważam, że ciało migdałowate właśnie w taki rozszalały sposób funkcjonuje).

Tygrys w głowie

Przez miliony lat, zanim u ludzi wykształciły się części mózgu odpowiedzialne za wyższe funkcje poznawcze, takie jak myślenie, planowanie i rozwiązywanie problemów, ciało migdałowate pracowało jak niezwykle czuły wykrywacz strachu, byśmy mogli przeżyć i przekazać dalej nasze geny. Jeśli nasi przodkowie zobaczyli z daleka jakiś ruch na sawannie, który mógłby sugerować obecność drapieżnika, na przykład tygrysa, włączało się ciało migdałowate, uruchamiając reakcję na stres: po ciele rozlewała się adrenalina, rytm serca przyspieszał, aktywniej pompując krew do mięśni, aby były gotowe stawić czoło tygrysowi (walka), próba ocalenia życia (ucieczka) lub ukrycie się w trawie (zastygnięcie w bezruchu).

Pacjenci zawsze wydawali się zadowoleni, wiedząc, że nasze reakcje na stres są zawiadywane przez coś, nad czym mamy niewielką kontrolę, a co można wytłumaczyć ewolucją.

Dzisiaj my, ludzie, jesteśmy bardzo rozwiniętymi istotami, jeśli chodzi o złożone funkcje poznawcze. Nie musimy już bezustannie uważać na dzikie bestie, czyhające na nasze życie. Tymczasem wciąż obecne w naszym mózgu ciało migdałowate nadal reaguje na najmniejszy sygnał zagrożeń, nawet jeśli dochodzą do nas tylko w formie naszych myśli. To są tygrysy w naszych głowach, a nie na sawannie.

Podczas prowadzonego przeze mnie warsztatu nie było realnego, fizycznego zagrożenia ze strony Olgi, ale wyczułam jej złość, co natychmiast wywołało u mnie reakcję stresową. W takich momentach, kiedy już fizycznie reaguje nasz organizm, prawie niemożliwe staje się spokojne, logiczne myślenie, ponieważ ciało migdałowate zdążyło już zdominować część mózgu odpowiedzialną za funkcje poznawcze, które natychmiast zostają ograniczone lub nawet zablokowane. „Nie mogę jasno myśleć!", można wówczas krzyknąć (albo tylko pomyśleć) i często jest to bardzo prawdziwe stwierdzenie. Ponownie użyjmy metafory z autoalarmem: kiedy alarm zostaje uruchomiony, funkcja pilota w kluczyku samochodowym zaczyna wariować i nikt nie może wsiąść do auta, zapuścić silnika i odjechać. W ten sam sposób, tak jak nie ruszy samochód, nie ruszy również nasze racjonalne myślenie.

Oddech – klucz do sukcesu

Wracamy tutaj do prostej i niezwykle efektywnej techniki związanej z właściwym oddychaniem. Oddech ma moc. Wygląda na to, że świadomie koncentrując się na wdechach i wydechach, możemy popsuć mechanizm skonstruowanego dawno temu autoalarmu i umożliwić dostęp do części mózgu odpowiedzialnych za myślenie. Chodzi o to, że można wówczas opanować swój wewnętrzny głośny i panikujący samochód (tit, tit, tit), wziąć trzy głębokie oddechy i kluczyk znowu zacznie działać, drzwi się otworzą, silnik zapali i będzie można pojechać w wybranym kierunku. To oczywiście wymaga nieco praktyki, ale jest niezwykle efektywne. Czasami wydaje się, że cały proces trwa wieczność, ale w rzeczywistości zrobienie trzech wdechów zabiera tylko kilka sekund, a to wystarczy, aby w mózgu nie uruchomił się blokujący nas mechanizm, żeby móc przerzucić się na inne tory i spokojnie poszukać właściwego rozwiązania.

Jeśli chodzi o problem z Olgą, to dobrze pamiętam moc dobrego oddechu. Bardzo świadomie wdychałam i wydychałam powietrze. Nie chcę wcale powiedzieć, że uporczywie wpatrywałam się w swój brzuch, patrząc, czy dobrze się porusza, ale świadomie skierowałam tam moje wewnętrzne oko, jeśli tak mogę powiedzieć. I wyraźnie czułam, jak oddech wypycha mój brzuch, i czułam na nim pasek spodni, kiedy wydychałam powietrze. Następnie uśmiechnęłam się do Olgi, bo zdałam sobie sprawę, że za niewyraźną, złowieszczą miną prawdopodobnie ukrywała ona swój niepokój i strach.

Zgodnie z pewnym pojęciem w psychoterapii nasze zachowania idą we wzajemnych parach. Tak też mogło być i tutaj: Olga prawdopodobnie była przestraszona i jednocześnie napawała lękiem innych. Jednak, jeśli tylko potrafimy empatycznie podejść do przestraszonej osoby, gdyż udało się nam w porę zareagować i wyłączyć autoalarm (czyli ciało migdałowate), wówczas właśnie mamy dostęp do empatii, która należy do bardziej skomplikowanych funkcji mózgu i nie działa, kiedy włączy się mechanizm walcz lub uciekaj. Ponieważ dzięki głębokim oddechom udało mi się wyłączyć autoalarm, miałam dostęp do empatycznego działania. Z mojego doświadczenia z osobami z niedosłuchem wiem, że dolegliwość ta stanowi przeważnie źródło ich niepokoju, więc starałam się Olgę uspokoić oraz dowartościować. Poprosiłam ją więc o pomoc i upewniłam, że jej wiedza jest mile widziana, a ja będę wdzięczna, jeśli uzupełni jakieś ważne kwestie, które mogłam pominąć w wykładzie.

Niezależnie od tego, co czytelnicy sądzą o moim rozwiązaniu i o tym, jak sami poradziliby sobie w podobnej sytuacji, najważniejsze jest to, że miałam dostęp do *wszelkich* umiejętności rozwiązywania problemów i byłam w stanie poradzić sobie z trudną sytuacją. Moje rozwiązanie w cudowny sposób zadziałało i strach Olgi został przełamany. W dodatku Olga stała się moją honorową asystentką i bardzo mnie wspierała, a warsztaty skończyły się sukcesem.

Ćwiczenia oddechowe

Po pierwsze, skup uwagę na oddechu. Przez chwilę przyglądaj się swoim wdechom i wydechom. Pomocne jest, jeśli delikatnie przyłoży się rękę do brzucha, by poczuć, jak się on podnosi i opada.

Brzuch się podnosi przy wdechu i opada przy wydechu. Skoncentruj się po prostu na oddechu, nie próbując go zmieniać w jakikolwiek sposób. Skup się na bieżącej chwili i staraj się nie rozpraszać krążącymi po głowie myślami, które mogłyby sprawić, że poczujesz niepokój lub napięcie.

Idąc krok dalej, powoli zmniejszaj częstotliwość oddechów, stopniowo wydłużając fazę wdechu i wydechu. Dobrze jest, jeśli wdech liczy się na trzy, a wydech na pięć. Ta technika pomoże ci odzyskać spokój oraz pozwoli jasno myśleć.

Strach przed wybuchem złości innych ludzi

Jak widzieliśmy w rozdziale drugim, nasz strach przed wybuchem złości u innych ludzi przeważnie bierze się jeszcze z dzieciństwa, kiedy byliśmy relatywnie bezbronni wobec konfrontacji z taką sytuacją w naszym otoczeniu. Jako małe dzieci byliśmy zależni od opiekujących się nami dorosłych. I z pewnością ich złość sprawiała nam ból albo baliśmy się jej, bo nie umieliśmy nic na to poradzić. Walka czy ucieczka nie jest strategią do wykorzystania na dłuższą metę, kiedy jest się zależnym od opiekunów dzieckiem. A już najmniej efektywną obroną wydaje się zastygnięcie w bezruchu.

Nieprzewidywalna natura wybuchów złości sprawia, że dzieci skupiają się na swoim zachowaniu, bo tylko nad tym mają wówczas kontrolę. Robią więc wszystko, by nie prowokować nieprzewidywalnej osoby dorosłej. W ten właśnie sposób „wdrukowuje się" im wzorzec Miłych dzieci, który przekłada się później na Miłych dorosłych, hiperwrażliwych na najmniejszy nawet sygnał zbliżającego się wybuchu złości w swoim otoczeniu. A za tym idzie z kolei tłumienie własnej złości.

Dlatego tak ważne jest, by zdać sobie sprawę, że reakcja w postaci strachu często pochodzi jeszcze z dzieciństwa, kiedy było się bezbronnym i zależnym od innych, jednakże taka reakcja jest nieracjonalna w dorosłym życiu, kiedy już jesteśmy w innej sytuacji i naprawdę mamy siłę, by sobie z nią poradzić. I tutaj znowu dużo do powiedzenia ma ciało migdałowate, które przechowuje w pamięci wspomnienia przerażających nas sytuacji, ale przecież nie bierze poprawki na to, że dzisiaj jesteśmy już w zupełnie innym kontekście życiowym. Kiedy więc zobaczyłam szczękościsk u Olgi i jej zwężające się oczy, moje ciało migdałowate uruchomiło identyczny alarm, jaki zostałby włączony u mnie jako trzylatki, bojącej się, że za chwilę dostanie klapsa. Ten strach z dzieciństwa (patrz s. 160) stoi za wieloma naszymi zachowaniami. Reagujemy „historycznie", zamiast dostosować się do teraźniejszej sytuacji.

Technika zakotwiczenia

Odkryłam technikę mindfulness zwaną „zakotwiczeniem" na bieżącym etapie życia i uważam ją za niezwykle skuteczne antidotum na wszelkie stany lękowe i obawy wyniesione z dzieciństwa. Polega ona na tym, że należy użyć zmysłów: dotyku, smaku, powonienia, słuchu i wzroku, aby skupić się na teraźniejszości i móc oderwać od przeszłości. Można wtedy poczuć grunt pod nogami – w przenośni i dosłownie. Oto inne, popularne wśród moich pacjentów pomysły na zakotwiczenie:

- Dotykanie biżuterii, szczególnie jeśli ma znaczenie sentymentalne, bo otrzymaliśmy ją od kogoś bliskiego i ważnego w życiu.
- Dotknięcie ubrania i skupienie się na fakturze tkaniny.
- Wąchanie perfum, którymi się spryskaliśmy danego dnia.
- Wypicie łyka wody.
- Świadome oddychanie.

Wszystkie te rzeczy mogą służyć za kotwice, które pomagają skupić się na teraźniejszości.

Technika BEAR (z ang. Breathe, Eulogise, Accept, Respect) – Oddychania, Chwalenia, Akceptacji, Szacunku

Ta technika polega na wykorzystaniu siły oddechu do odpędzenia nagłych odczuć paraliżującego nas strachu, a w kolejnym kroku prowadzi nas i pomaga w pewnym sensie obezwładnić przerażającą nas osobę, by poczuła się ona bezpieczna, dzięki czemu i my przestaniemy czuć się atakowani.

Wspólnie z moją koleżanką Val Sampson stworzyłyśmy akronim techniki BEAR, kiedy prowadziłyśmy warsztaty na podstawie jej książki *Tantra: the Art of Mind-blowing Sex* (Tantra: sztuka uprawiania miłości doskonałej). Stworzyłyśmy te warsztaty z myślą o parach, które nie mogą dojść do porozumienia w kwestiach intymnych. Jednak osoby zainteresowane na samą myśl o tym, że mają poruszać podobną kwestię, truchleją, więc z założenia unikają rozmów na ten temat, choć dzięki temu ich związek mógłby pójść w pożądanym kierunku.

Stwierdziłyśmy z Val, że zapamiętanie już dwóch pierwszych słów, stojących za skrótem BEAR, pomoże pacjentom poradzić sobie ze strachem i stresem, przynajmniej w pierwszej chwili. Obie uczyłyśmy tej techniki wiele osób, które z bardzo dobrym skutkiem stosowały ją, kiedy zachodziła konieczność przeprowadzenia trudnych rozmów czy radzenia sobie z trudnymi osobami.

B jak breathe, czyli oddech

Odpowiedni oddech nie tylko broni nas przed reakcją naszego organizmu i skokiem adrenaliny, czyli reakcją „walcz, uciekaj, zastygnij w bezruchu", ale kieruje ku spokojniejszemu działaniu i możliwości uruchomienia części mózgu odpowiedzialnej za racjonalne myślenie. Może również złagodzić silne niewerbalne sygnały, które sami wysyłamy, będąc zdenerwowani. Jak już wcześniej wspomniałam, badania jednoznacznie wskazują, że tylko mała część komunikacji jest werbalna: to, co mówimy, jest mniej ważne od tego, jak to mówimy, czyli ton głosu, jak i język ciała mają w takich przypadkach niebagatelne znaczenie (patrz s. 169).

Szczególną rolę odgrywa niewerbalna mikrokomunikacja, w której liczy się mimika twarzy i oczu. Często, kiedy wiemy, że mamy coś trudnego do zakomunikowania drugiej stronie lub kiedy druga strona przekazuje nam trudne dla nas kwestie, wówczas na naszej twarzy maluje się napięcie, bo jesteśmy zdenerwowani i rozmówca może wyczytać z niej te niewerbalne komunikaty. Niestety, wiele oznak podenerwowania widocznych na twarzy przypomina złość, co nie pomaga: widoczny jest wówczas szczękościsk, co sprawia, że na twarzy maluje się złość i nieustępliwość, a zmarszczone brwi i zwężone źrenice sprawiają, że wyglądamy na niewzruszonych, zimnych i wrogich. Nasi rozmówcy (partner/przyjaciel/szef/dziecko/rodzic/kolega) śmiało mogą więc uznać, że jesteśmy wściekli i zdenerwowani, i w sekundę ich ciało migdałowate zdąży wysłać sygnał, który spowoduje postawę defensywną lub atakującą (walka lub ucieczka).

Jeśli świadomie oddychamy i dzięki temu likwidujemy z twarzy napięcie, zanim zdążymy coś powiedzieć czy odpowiedzieć, to naprawdę pomoże nam złagodzić przekazywane niewerbalne komunikaty. Podczas oddychania starajmy się dopilnować, by nie zgrzytać zębami, czy nie zaciskać szczęk, a nawet spójrzmy w lustro, jeśli jest taka możliwość, aby zobaczyć, co przekazuje nasz wyraz twarzy (większość ludzi przeżyłaby szok, gdyby miała okazję zobaczyć nagranie z prowadzonej przez siebie trudnej rozmowy).

E jak eulogise, czyli pochwała

Chodzi o to, żeby powiedzieć *prawdziwy* komplement trudnej osobie lub w trudnej sytuacji. W ten sposób sprawiamy, że wówczas osoby te czują się bezpiecznie, ulatnia się ich wrogość, zmienia pozycja defensywna lub atakująca. Nie chodzi o to, by manipulować ludźmi, więc nie należy dla przypodobania się im mówić czegoś, czego tak naprawdę nie myślimy. Wyczują bowiem naszą nieszczerość i cała nasza strategia obróci się przeciwko nam. Pomocne może okazać się również powiedzenie czegoś konkretnego, a nie wypowiadanie ogólników. Na przykład dużo lepiej jest powiedzieć do partnera: „Uwielbiam, kiedy przytulamy się, oglądając wieczorne wiadomości" zamiast „Kocham cię".

A jak akcept, czyli akceptacja

Akceptowanie to też słuchanie, przy zachowaniu pełnej uwagi, bez wzdychania, przerywania czy nawet wznoszenia brwi. Każdy będzie miał własne zdanie i spojrzenie na daną sytuację, a dyskutowanie z rozmówcą doprowadzi jedynie do sprzeczki: „Spójrz na to z mojej prespektywy / Nie, to ty spójrz z mojej. To ja mam rację". Tego typu rozmowy powodują duże napięcia w domu czy w pracy. Kiedy zaakceptuje się, że druga strona ma inną wersję danego zdarzenia niż my i ma do tego prawo, można wówczas przejść do konstruktywnej fazy rozwiązywania problemu w sposób pełen szacunku dla drugiej strony.

R jak respect, czyli szacunek

To dość zdumiewające, jak czasem brakuje nam szacunku w podejściu do naszych bliskich. Jak często wytykamy palcem i oskarżamy drugą osobę, oraz zaczynamy zdania od „ty" lub „ty zawsze mówisz to", „ty nigdy nie mówisz tamtego" wypowiadane tonem mieszczącym się w rejestrze pogardy i bardzo dalekim od miłości.

Zanim otworzysz usta, żeby coś powiedzieć drugiej osobie, zadaj sobie pytanie, czy się do niej zwracasz, obwiniasz ją, czy też pragniesz ją zawstydzić. Przedtem postaraj się zebrać myśli i sformułować to, co czujesz, zaczynając nie od „ty", tylko od „ja".

A teraz pozwólcie, że podzielę się z wami jednym przykładem z prowadzonych przeze mnie warsztatów. Pewna kobieta opowiadała, jak na początku weekendu poza miastem, kiedy obchodziła swoje urodziny, otworzyła pięknie zapakowane pudełko z prezentem, którym była kusa sukienka z poliestru. Przyznała, że poczuła duży przypływ negatywnej energii i uczuć w stosunku do swojego męża: jak on mógł jej to zrobić? Co on sobie myślał, że niby jest taką sobie panienką, jak jego była? Czy on już jej w ogóle nie kocha? Czy ona popełniła straszny życiowy błąd, wiążąc się z nim? Rozczarowanie, szok, zażenowanie, złość, strach – wszystkie te uczucia kłębiły się w jej głowie.

Wypowiedziała swoje myśli w niezbyt adekwatny do sytuacji sposób, a mąż w zdenerwowaniu coś niemiłego jej odkrzyknął i wtedy ich romantyczny weekend przestał być już romantyczny. Na warsztatach kobieta zastanawiała się, jak by się potoczyła cała sytuacja, gdyby użyła techniki BEAR.

Po wzięciu głębokiego oddechu (oddychanie), by opanować panikę, wymyśliła, co miłego mogłaby powiedzieć w tamtej sytuacji (pochwalić): „Miło mi, że starałeś się kupić mi ciekawy prezent (akceptacja). Widzę, że chciałbyś, żebym poeksperymentowała z takim stylem. Tylko że ja nie czułabym się komfortowo, pokazując tak dużo ciała (szacunek – zdanie zaczęte w pierwszej osobie «Miło mi»)".

Używanie narzędzi opisanych w tym rozdziale pomaga otworzyć drogę do dialogu i wspólnego rozwiązywania problemów, zaprzestania walk i przeciągania liny na swoją stronę. Pozwala również na uniknięcie schematu, gdzie jedna osoba atakuje drugą, a druga pozostaje w defensywie, i cała sytuacja się zapętla.

PODSUMOWANIE

Często czujemy się niemile zaskoczeni jakąś niespodziewaną konfrontacją. Temu rozdziałowi przyświecał cel, aby dostarczyć czytelnikowi konkretnych narzędzi, dzięki którym poradzi sobie w trudnych sytuacjach. Należy wówczas pamiętać o następujących kwestiach:

- Siła oddechu: kiedy ktoś uruchamia w nas reakcję wywołującą strach, należy wziąć dwa, trzy długie, wolne oddechy, by zatrzymać reakcję ciała migdałowatego – wyłączyć „autoalarm" i dać sobie czas na spokojniejsze i jaśniejsze myślenie.
- Podjęcie próby „zakotwiczenia się" w teraźniejszości, kiedy mierzymy się ze strachem: dotknijmy/posmakujmy/posłuchajmy/zobaczmy, co dzieje się tu i teraz.
- Technika BEAR – kiedy znajdziemy się w trudnej sytuacji, trzeba będzie przeprowadzić trudną rozmowę.

ROZDZIAŁ JEDENASTY

Miły z wyboru

Najważniejszym przesłaniem tej książki jest pomoc czytelnikowi w podjęciu prób zmiany dotychczasowego postępowania. Chodzi o to, by nadal być Miłym, ale tylko wówczas, kiedy chce się zachowywać w ten właśnie sposób. Stąd też tytuł rozdziału: „Miły z wyboru". Jak już wcześniej mówiłam, w żaden sposób nie krytykuję czyjegokolwiek Miłego sposobu bycia i zachowania. Mili posiadają przecież mnóstwo wspaniałych umiejętności społecznych, których wielu ludzi im zazdrości, bo ich nie posiada. Moim celem jest jedynie pomóc zainteresowanym uświadomić sobie, że istnieją inne opcje działania oraz że mają prawo zachowywać się w inny niż dotychczas sposób. A kiedy ktoś świadomie podejmie decyzję, że chce być Miłym, to powinno to wynikać z jego woli, a nie dziać się automatycznie. Takie podejście pomaga uniknąć wpadnięcia w pułapkę oczekiwań innych ludzi w stosunku do nas, innymi słowy uwolnić się od Przekleństwa Bycia Miłym i sprawić, że Bycie Miłym stanie się błogosławieństwem.

ALE KIM JA TERAZ JESTEM?

Jeśli przez lata towarzyszyło nam Przekleństwo Bycia Miłym, a wynika ono z podświadomie przeniesionych w dorosłe życie zasad i przekonań, wówczas na pewno trudno się będzie z nim rozprawić. Nie dość, że otoczenie będzie głośno reagować i wręcz zażąda, byśmy wrócili do dawnych przyzwyczajeń (przyjrzeliśmy się tej kwestii w rozdziale dziewiątym), to i my sami będziemy mieli problem z odnalezieniem się w nowych okolicznościach.

Jessica, Miła koleżanka, powiedziała mi, że miała trudności z oswojeniem się ze swoją nową osobowością: „Nigdy wcześniej nie byłam asertywna, więc tak naprawdę nie wiem, jak to jest. Trochę siebie nie poznaję. Zdałam sobie sprawę, że zyskałam pewność siebie i zaczęłam trochę inaczej mówić. Jednak jako ta nowa jestem jakaś protekcjonalna". Inna moja pacjentka też ostatnio zwierzyła mi się: „O wiele łatwiej było działać na zasadzie autopilota i próbować przypodobać się każdemu. Teraz staram się być prawdziwa i autentyczna, ale jednocześnie czuję się naga, wystawiona na pokaz. Tak, jakbym nie bardzo wiedziała, jak się teraz zachować. A to z kolei sprawia, że jestem nieco nerwowa i chwilami bezradna".

Jessica nie chciała powrócić do dawnej, „zawsze pokornej" siebie. Postanowiła więc poprosić swoich bliskich znajomych, osoby którym ufała, by powiedziały, jak ją obecnie odbierają. „Zapytałam ich: «Czy możecie mi powiedzieć, kiedy w rozmowie z wami używam tego protekcjonalnego tonu głosu, którego sama nie lubię?». I to mi bardzo pomaga, bo kiedy widzę w końcu przyjazny uśmieszek na ich twarzach, staram się na nowo sformułować swoje myśli albo też sama łapię się na tym, że kiedy tak mówię, zaraz pytam: «Co, znowu to robię, tak? », i świat się wcale wtedy nie wali".

ZDROWE FAŁSZYWE JA

Donald Woods Winnicott, brytyjski psychoanalityk, jako pierwszy pisał o terminach „prawdziwe ja" i „fałszywe ja". Według niego każdy ma ochronną wierzchnią warstwę i udowadnia, że potrzebujemy *zdrowego* „fałszywego ja", które pomaga nam być uprzejmym i dobrze wychowanym człowiekiem w społeczeństwie. Problemy zaczynają się (i to staje się niezdrowe), kiedy tracimy kontakt z naszym wewnętrznym „prawdziwym ja".

Jako istoty społeczne możemy być w kontakcie ze swoim „prawdziwym ja" przez cały czas. Musimy jednak brać pod uwagę uczucia innych oraz społeczne uwarunkowania i wymogi zachowania w konkretnych sytuacjach. W związku z tym możemy powiedzieć szefowi, gdzie może się pocałować, ściągnąć z siebie ubranie na towarzyskim spotkaniu i zatańczyć nago na stole, czy też dąsać się w obecności teściowej. Wszystkie możliwości stoją przed nami otworem, ale kiedy świadomie zastanowimy się nad konsekwencją takich zachowań, pewnie zostaniemy przy tych akceptowanych społecznie (lub też nie?).

Wielu ludziom trudno jest powiedzieć, jakie jest ich „prawdziwe ja". Dobrze jest odejść od „fałszywego ja" i starych zwyczajów powoli i spróbować zmierzać ku temu, co jest nam bliższe, aż w końcu dojdzie się do tego, kim się naprawdę jest. Można podejść do tego procesu tak samo jak do przymierzania nowych ubrań, których normalnie nie wzięłoby się z wieszaka, ale warto spróbować pochodzić w nich w zaciszu domowym.

Są różne pomysły na to, co jeszcze można włączyć do swojego zachowania i być bliżej „prawdziwego ja". W pewnym sensie można to przyrównać do siatki ubezpieczającej dla linoskoczka, który próbuje nowych sztuczek. Tu pomówimy o empatii oraz o małych zwycięstwach i porażkach.

Empatia też ma swoje granice

Profesor psychologii Rachel Tribe była pierwszą osobą, która pokazała mi, że empatia też ma swoje *granice*. Prowadziła seminarium, kiedy robiłam magisterium z doradztwa psychologicznego na University of East London. Wydawała się prawdziwie troszczyć o swoich studentów, rozumiała ich potrzeby, stresy i niepokoje, będące integralną częścią studenckiego życia. Była empatycznym słuchaczem i podsuwała swoim magistrantom kreatywne lub kompromisowe rozwiązania ich problemów.

Szczególnie zapadł mi w pamięć jeden dzień. Przypadł on w tygodniu poprzedzającym ostateczny termin oddania pracy i, jak można się domyślać, wielu z nas było w dużym stresie, czy uda nam się go dotrzymać. Po wykładzie, w czasie przewidzianym na zadawanie pytań, kilku studentów starało się przesunąć termin oddania pracy. Jako powód podawali chorobę, przeprowadzkę, chorych rodziców, dzieci, nagromadzenie obowiązków w pracy... Profesor Tribe wysłuchała wszystkich uważnie, przyjaźnie potakując głową, a następnie stanowczo i uprzejmie powiedziała „nie". Jeśli ktoś rzeczywiście miał poważny problem, uniemożliwiający oddanie pracy na czas, zawsze mógł napisać podanie i dołączyć odpowiednie zaświadczenie, np.

od lekarza. W innym przypadku należało dotrzymać terminu.

Z przekonaniem mogę powiedzieć, że nasza wykładowczyni stosowała technikę uprzejmego odmawiania (patrz s. 179). Jak można się domyślić jej odmowa wywołała falę niezadowolenia w grupie. Profesor rozumiała nas, o czym świadczył wyraz jej twarzy, ale jednocześnie konsekwentnie trwała przy swojej decyzji. Zrobiło to na mnie niezapomniane wrażenie. Dało mi też do myślenia, odkryłam nowe możliwości działania, nowy sposób bycia. Jednak sama ta idea nie ogranicza się do techniki uprzejmego odmawiania. Empatia w pewnych granicach zakłada też określony sposób myślenia – przekonanie, że MAM PRAWO POSTAWIĆ GRANICE, czy też NAWET JEŚLI KOMUŚ NIE BĘDZIE PODOBAŁA SIĘ MOJA DECYZJA, POZOSTAJĘ OSOBĄ, KTÓRĄ DA SIĘ LUBIĆ I Z KTÓRĄ PRZYJEMNIE SPĘDZA SIĘ CZAS.

Wielu Miłych stara się stawiać innym pewne granice, ale ma na tym polu niewielkie doświadczenia lub niewielką praktykę. Często trudno wytłumaczyć im, jak to robić, ale najlepiej postępować stopniowo, po prostu praktykując stawianie granic. Niektórym pacjentom pomaga zwizualizowanie sobie czegoś konkretnego, fizycznego pomiędzy nimi a innymi ludźmi, aby przestali wczuwać się w ich emocje i przestali się obwiniać (a często są to główne powody odczuwania empatii i zgadzania się na wszystko, podczas gdy naprawdę chce się komuś odmówić). Moi pacjenci często wyobrażają sobie, że otacza ich ochronna łuna światła (w dowolnie wybranym przez nich kolorze) lub też coś bardziej namacalnego (ale przezroczystego), jak szklana bańka. Jedna z pacjentek zwizualizowała sobie wysoki mur otaczający jej dom marzeń, z wysoką żelazną bramą z domofonem. I kiedy dzwonił do niej jej były partner, który nią manipulował, albo jej zaborcza matka, mogła zdecydować, czy otworzy bramę domofonem, czy też nie. Ta możliwość wpłynęła niezwykle pozytywnie na jej poczucie własnej wartości i bezpieczeństwa.

Małe zwycięstwa i częściowe porażki

To naprawdę ważne, aby być empatycznym w stosunku do samego siebie na drodze do większej samoświadomości i zmian. Należy pamiętać, że staramy się zmienić nawyki i przekonania często zakorzenione jeszcze w dzieciństwie, w tym tak trudne do zwalczenia, jak obgryzanie paznokci, nawijanie włosów na palec czy „zajadanie stresów". Można to wszystko podzielić na małe etapy i starać się doceniać i nagradzać siebie za pokonanie każdego z nich, nawet jeśli wewnętrzne krytyczne głosy mówią, że to tylko małe, niewiele znaczące kroczki.

Oto, co Jessica ma do powiedzenia na temat swego tempa postępów i zmian: „Terapia pomogła mi zdać sobie sprawę, że wszystkie te wyzwania, które określiłyśmy wspólnie, to były duże i złożone zadania. Dużym wyzwaniem było dla mnie, abym przestała uśmiechać się do innych, kiedy nie mam na to ochoty. Bardzo chciałam spróbować podjąć takie wyzwanie. Jestem perfekcjonistką i chciałam pewnego dnia pójść do pracy, być stuprocentowo asertywna we wszystkich sytuacjach, i pragnęłam, żeby moi koledzy od razu zaakceptowali taki stan rzeczy. To pani przekonała mnie, że potrzebna tu będzie technika małych kroków, a każdy etap powinnam postrzegać jak małe zwycięstwo, a nie jak częściową porażkę. Tak więc nawet, gdy powiedziałam komuś: «Tak, ale…», zamiast stanowczego «nie», to i tak było to sukcesem i mogłam o sobie miło pomyśleć, pochwalić samą siebie za postępy i podjąć wyzwanie pójścia o krok dalej następnym razem".

Randka Penny

Penny, dyrektorka szkoły, trzy razy wychodziła za mąż, głównie dlatego że nie chciała sprawić zawodu mężczyznom, którzy się w niej zakochali (patrz s. 245). W przesłanym mi e-mailu opisywała, jak poradziła sobie z eksperymentem behawioralnym, zaplanowanym na naszych warsztatach. Jeśli pamiętacie, miała pójść na randkę z mężczyzną, do którego nie żywiła większych uczuć, i chciała okazywać mniej entuzjazmu w jego towarzystwie oraz być bardziej „empatyczną w pewnych granicach". Napisała, że było jej naprawdę trudno, bo on zamówił stolik w niezwykle modnej i drogiej restauracji, więc jej stres wzrósł, a dodatkowo włączyło się poczucie winy i przekonanie, że nie wolno go rozczarować.

Jednak przed randką Penny udało się popracować nad odpowiednimi narzędziami, potrzebnymi w tej sytuacji (patrz rozdział siódmy). Już częściowo zdawała sobie sprawę z własnych umiejętności bycia „stanowczą, ale uprzejmą" w stosunku do swoich pracowników i uczniów i wiedziała też, jak je wykorzystywać; aby pominąć wyniesione z dzieciństwa przekonanie kluczowe (pochodzące od jej matki), że: KOBIECIE W ŻADNYM RAZIE NIE WOLNO ROZCZAROWAĆ ZAKOCHANEGO MĘŻCZYZNY. Dzięki temu podczas wykwintnej i pysznej kolacji była w stanie spojrzeć mężczyźnie prosto w oczy i szczerze, lecz miło powiedzieć: „Jesteś wspaniałym facetem, ale w moim życiu obecnie zbyt wiele się dzieje i nie byłoby uczciwie z mojej strony kontynuować ten związek". Penny napisała mi: „Szczerze powiem, że po raz pierwszy w życiu przeprowadziłam taką rozmowę świadomie i z rozwagą. Był to dla mnie punkt zwrotny. Mężczyzna nie był zadowolony, ale byłoby dużo gorzej, jeśli pozwoliłabym trwać temu związkowi".

WIĘCEJ O MIŁYCH, KTÓRYCH POZNALIŚMY

Wydaje mi się, że czytelnicy chcieliby dowiedzieć się, jakie były losy pozostałych osób wspomnianych w książce.

Co u Hamisha?

Hamish ciężko pracował nad zaakceptowaniem wszystkich swoich twarzy, włączając i to, co nazwał „złą i ciemną stroną własnej osobowości" (patrz s. 70). Z końcem naszej terapii Hamish nadal ich nie polubił, ale przyjął, że stanowią one integralną część jego jestestwa. Był w tym autentyczny i w końcu doszedł do wniosku, że tylko pokazując je i mówiąc o nich bliskim, będzie w stanie stworzyć z nimi intymne, dobre relacje, a ukrywanie i tłumienie pewnych cech może jedynie zaszkodzić. Przeszedł długą drogę, nawiązując i utrzymując prawdziwe, szczere przyjaźnie i to tylko dzięki temu, że przestał się ograniczać do pokazywania jedynie „akceptowalnych", miłych stron swojej osobowości i dał dojść do głosu tym niegdyś zakazanym i ukrywanym stronom.

Hamish dostał nową pracę w innej części kraju, więc zakończył swoją terapię. Czuł, że odnalazł się w nowej pracy i zaczął się zachowywać tak, jak to sobie postanowił (czyli według zasady „Nigdy nie uśmiechaj się przed Świętami Bożego Narodzenia", patrz s. 179). Bardziej racjonalnie więc rozdawał swoje wspaniałe uśmiechy, racjonował urocze żarty i walczył z zakorzenioną tendencją do nadskakiwania ludziom i do ich wyręczania. Zdawał sobie sprawę z tłumionego gniewu, przyjmował go i czuł już, kiedy wzrasta mu adrenalina. Wiedział, że wówczas tłumi jakieś trudne dla niego uczucie, walczy z pewną niszczącą go myślą (na przykład złość na widok brudnego garnka po owsiance) i zaczął mówić o tym głośno w obecności żony. Jednak ta zmiana prowadziła do konfliktów w ich związku.

Nie wiem już, czy rozwiązali tę kwestię i są nadal razem, czy też ich relacja nie wytrzymała nowej dynamiki. Wprowadziłabym czytelników w błąd, mówiąc, że wcielanie w życie zmian w swoim zachowaniu zawsze wieńczy szczęśliwe zakończenie. Mam jednak szczerą nadzieję, że wszytko potoczyło się po myśli Hamisha.

I tutaj słowo ostrzeżenia: czasem większa asertywność w związku, gdzie dotychczas odgrywało się pasywną rolę, może zachwiać naszym poczuciem bezpieczeństwa. Bywa, że presja „Chcę dawnej/dawnego ciebie" (patrz s. 241) może być wręcz brutalna i niebezpieczna. W takim przypadku proszę zrobić wszystko, by dawne poczucie bezpieczeństwa wróciło: należy zwrócić się po pomoc, zadzwonić na policję, czy nawet uciec w bezpieczne miejsce. Może tu być pomocą terapia par, ale tylko w przypadku, kiedy obie strony zgodzą się jej poddać.

Amanda – Miła partnerka

Wspólnie z Amandą stworzyłyśmy barometr rozgoryczenia (patrz s. 68), niezbędne narzędzie, mające pomóc jej monitorować ponoszone przez nią fizyczne koszty zbyt dużego wkładu emocjonalnego w związek z partnerem. To, że dawała z siebie zbyt wiele w swojej relacji z Simonem, odbijało się na jej zdrowiu. Kiedy podjęła decyzję, że dłużej nie może już tak żyć, nastąpiła zmiana w dynamice ich związku. Po pierwsze, wszedł on w trudny etap, kiedy Simon wydawał się oddalać od Amandy, a ona zaczęła panikować. Jednak kiedy udało mi się zachęcić ją do powrotu do zbyt pochopnie porzuconych starych znajomości i zobowiązań, związek zyskał na stabilizacji.

Harriet Lerner, autorka książki *Karuzela bliskich więzi*, opowiada o ludziach będących w intymnych związkach, którzy wpadają w rolę „nadfunkcjonalnych" lub „biernych/niedostatecznie funkcjonalnych". Amanda była szalenie nadfunkcjonalna w początkowej fazie znajomości z Simonem i miało to dla niej niekorzystne skutki. Po wprowadzeniu zmian spędzała więcej czasu sama i sprawiało jej to przyjemność oraz pomagało „naładować akumulatory". Była mniej skłonna do nocnych pogawędek z Simonem, a kiedy rozmawiali, już nie słuchała jedynie jego opowieści, ale mówiła również o sobie, swoich problemach ze zdrowiem, kryzysie w pracy i o tym, jak się czuje. Przyznała potem, że szczera rozmowa o jej uczuciach i wrażliwości była dla niej najtrudniejsza w tym wszystkim, ale sprawiła, że zbliżyli się do siebie z partnerem. „Nasza relacja stała się bardziej szczera i prawdziwa, a ja też przy okazji zdobyłam się na bycie bardziej prawdziwą".

INDIRA I TECHNIKA BEAR

Indira odezwała się do mnie rok po skończonej terapii i przyznała, że lubi stosować technikę BEAR, której nauczyła się ode mnie (patrz s. 268). Trudniej było stosować ją w relacjach z rodziną, ponieważ jej bliscy mniej elastycznie odnosili się do zmian w zachowaniu Indiry, albo też jej samej trudniej wtedy te zmiany przychodziły. W każdym razie terapia pomogła jej odbierać świat nie tylko w czarnych lub białych barwach. Indira pamięta już o braniu pod uwagę nie tylko opinii innych ludzi, ale też własnych, co nadal nie przychodzi jej łatwo. Jeśli przypomina sobie o technice BEAR, nie tylko chwali innych, ale umie też pochwalić siebie.

Posłużyła się tą techniką, kiedy matka po kłótni Indiry z siostrą, wytknęła jej w e-mailu, jak źle postąpiła. Tym razem nie czuła się już skarcona i nie miała poczucia winy, nie wysłała też od razu odpowiedzi z przeprosinami, tylko spokojnie przemyślała całą sytuację. Poprosiła o radę zaufaną przyjaciółkę i w końcu uznała, że matka prawdopodobnie przeżywa to, że jej córki nie mogą się dogadać, każda trzyma się własnej wersji, obie się na siebie skarżą, a ona musi tego wszystkiego wysłuchiwać. To przecież musi być okropne. W odpowiedzi na e-mail matki Indira wysłała swój i przyznała w nim, że musi mamie być trudno znajdować się między młotem a kowadłem, napisała, czego od niej oczekuje i jak może jej pomóc, ale nie wdawała się już w szczegóły, kto w tej kłótni miał rację, ona czy siostra. To, że matka zignorowała jej odpowiedź, wcale jej nie zdziwiło, ale pomogło zmienić sposób myślenia o sobie i o swoim prawie do własnego zdania i emocji, zamiast obwiniania siebie czy innych!

Czuła się też bardziej pewna siebie w relacjach i komunikacji ze wszystkimi członkami rodziny, a na pewno lepiej przygotowana do radzenia sobie z nimi, kiedy była w gorszej formie i nastroju.

HISTORIA REBEKI

Włączyłam tutaj jej historię, gdyż pokazuje ona, jak ktoś, używając połączenia technik i strategii opisanych w tej książce, poradził sobie z najtrudniejszym zadaniem w hierarchii strachu (patrz s. 198). Rebecca, którą poznaliśmy wcześniej, jest inspiracją dla nas wszystkich. To młoda, bystra kobieta, która pracuje w mediach i śmiało wprowadziła zmiany na trzech wierzchołkach trójkąta: myśli, uczucia oraz zachowania (patrz s. 28), i została nagrodzona za swoje postępy. W jej życiu nadal pozostaje wiele nierozwiązanych kwestii, ale zaczyna do nich podchodzić w zupełnie inny niż dotąd sposób.

Kiedy udało jej się dostać wymarzoną pracę (pokonując stu innych kandydatów), była wprost zachwycona, że zainteresował się nią osobiście jej szef i pomógł odnaleźć się w nowych okolicznościach, pokazał mechanizmy działania firmy i dał pole do rozwoju. „Myślę, że powinnam dostrzec wcześniej pewne znaki ostrzegawcze, kiedy zaczął mi mówić, jaka jestem wyjątkowa, i poświęcił niezwykle dużo swojego czasu, zabierając mnie na lancze", powiedziała Rebecca. Oczywiście czuła się na tyle doceniona, mile połechtana i do tego stopnia wdzięczna, że stłumiła w sobie racjonalne podszepty, że coś w ich relacji jest nie tak. Była niezwykle podniecona i ulżyło, jej kiedy dostała awans i została podwładną innego menedżera. Ale, co za niespodzianka, stary meneger oczekiwał, że ich szczególna relacja nadal będzie trwać. Bezustannie przesyłał propozycje spotkań, zapraszając ją na drinka czy na kolację wieczorem po pracy. To było niestosowne. Rebecca czuła wzrastający niepokój i stres, które zaczęły ją zatruwać. „Mimo wszystko czułam, że to ja sama spowodowałam jego zainteresowanie moją osobą, to była moja wina i nie wypadało mi być dla niego niemiłą".

Rebecca włożyła dużo pracy w terapię i próby odbudowania poczucia własnej wartości. Każdego dnia powtarzała sobie afirmację „Kocham cię", prowadziła dzienniczek, w którym notowała swoje codzienne trzy dobre uczynki, i stosowała technikę „codziennego rozczarowywania" (patrz odpowiednio strony 234–240 i 253). Jednak była zbyt przerażona na samą myśl, że mogłaby rozczarować swojego byłego szefa. Omówiłyśmy więc kwestię uprzejmego odmawiania (patrz s. 179) i przećwiczyłyśmy scenariusz, który mogła wykorzystać w rozmowie z nim. Po kreatywnej burzy mózgów bez oceniania (patrz s. 217) otworzyła się przed nią cała gama możliwości. W końcu wybrała jedną z nich, która wydała jej się najprostsza do wykonania i najbezpieczniejsza na ówczesną chwilę: postanowiła usunąć swoje biurko z zasięgu wzroku byłego bossa (ponieważ bezustannie się na nią patrzył).

Pewnego dnia niemal przyfrunęła na naszą sesję. Rozradowana, pewna siebie, wolna i już niezestresowana. „Spotkałam się z nim!", powiedziała podniecona. „Po serii e-maili pełnych próśb o spotkanie zgodziłam się w końcu z nim zobaczyć. Jednak zrobiłam to w momencie, kiedy poczułam się silna po tym, jak starannie zajęłam się samą sobą" (była wprost zachwycona lekturą książki Cheryl Richardson). „O rany", powiedziałam z podziwem i zainteresowaniem: „Cóż takiego się stało?". „No cóż, skorzystałam ze wszystkiego, o czym mówiłyśmy. Zgodnie z techniką uprzejmego odmawiania podziękowałam mu, że się ze mną spotkał. Jednocześnie jasno i spokojnie wyjaśniłam, że utrzymywanie równie niepoprawnych relacji między wysokim rangą menedżerem a członkinią zespołu niższego szczebla, pracujących w jednej firmie, po prostu nie przystoi i trzeba to skończyć. Mimo wszystko on nadal mówił mi, jaka jestem niezwykła i że nigdy nic podobnego mu się nie przytrafiło. W tym momencie zastosowałam technikę zaciętej płyty i ciągle powtarzałam to samo zdanie. Po dziesięciu minutach skończyłam rozmowę i wyszłam". „I jak się teraz czujesz?", dopytywałam. „Fantastycznie! Jestem szczęśliwa, czuję się wolna i silna. To, co on czuje, to już jego problem, ale ja wiem, że tak trzeba było postąpić".

ZRÓB WŁASNE KARTY SOS

Życie jest nieprzewidywalne, a kontrola nad nim to tylko iluzja (weźmy za przykład klęski żywiołowe). Zdarzają się w nim trudne i nieprzyjemne rzeczy, a najczęściej dzieje się tak wtedy, kiedy najmniej się tego spodziewamy. Szczególnie, gdy wracamy na stare, zgubne tory myślenia, do dawnych zachowań i dawnej wrażliwości. W terapii nosi to nazwę nawrotu czy też powrotu do punktu wyjścia, i aby się z tym zmierzyć, razem możemy ułożyć i wdrożyć pewien plan.

Opracowałam schemat łatwych w użyciu kart interwencyjnych na wypadek sytuacji nieprzewidywalnych i awaryjnych. Nazwałam je kartami SOS, gdyż używa się ich właśnie w sytuacjach awaryjnych. Z własnego doświadczenia i opowieści moich pacjentów wiem, że czasem czujemy się przygnieceni jakąś sytuacją, która nas przerasta i sprawia, że tracimy zimną krew. Wówczas przydają się te karty.

Schemat kart SOS:

1. MÓW: zaufana osoba, do której mogę zadzwonić, to:...
2. SPADAJCIE!: oto najlepsza odpowiedź na krytyczne głosy wewnętrzne...
3. WYCISZ SIĘ, POCIESZ I WZMOCNIJ: moja najlepsza forma pocieszenia się i sposób odwrócenia uwagi to:...

Na małej kartce lub kartoniku, który można włożyć w łatwo dostępne miejsce (na przykład w kalendarz), należy w miejsce kropek wpisać swoje odpowiedzi. Mogą one przyjść do głowy od razu, czasem jednak trzeba się nad nimi zastanowić. W pierwszym punkcie warto wypisać jedną albo dwie osoby, na które można liczyć (tu wpisujemy jedynie sprawdzone osoby, w których towarzystwie mamy się czuć bezpiecznie, które nie mogą nas oceniać, ani dawać zbyt wielu rad). W punkcie drugim można zapisać własne sformułowanie, które jest najskuteczniejsze przy odpędzaniu krytycznych myśli. W ostatnim punkcie należy wymienić czynności, pomagające wyciszyć się, osiągnąć spokój i wzmocnić nas, czasem nazywane są „zdrowymi odwracaczami uwagi". Nie warto więc wpisywać tu „rzeczy niezdrowych", aby później uniknąć poczucia winy.

Kiedy już osiągniemy spokój, można pomyśleć o kolejnym kroku, a jest nim kreatywne rozwiązywanie problemów. Jednak tu przeważnie potrzebne będzie poczucie bezpieczeństwa, aby część mózgu odpowiedzialna za rozwiązywanie problemów była dostępna.

Jak Monika skorzystała ze swojej karty SOS

Monika, którą poznaliśmy w rozdziale drugim, całe życie zmagała się z krytycyzmem swoich rodziców. Jej mama była przekonana, że „krytykowanie motywuje dzieci". I mimo że zapoznała się z dostępnymi badaniami, które przyniosła jej córka w chwili poczucia większej odwagi, a które przeczyły tej tezie, nadal trwała przy swoim.

Monika została któregoś dnia zaproszona do lokalnej rozgłośni radiowej, aby opowiedzieć o pewnym projekcie dotyczącym ich społeczności, w który była zaangażowana. Powiedziała rodzicom (pewnie niepotrzebnie), kiedy audycja będzie nadawana. Patrząc na tę sytuację z perspektywy, przyznała, że powinno to uruchomić jej alarm „klamry odkupienia" (patrz s. 138), gdyż pewnie podświadomie liczyła i oczekiwała akceptacji i pochwały ze strony rodziców. Następnego wieczoru po nagraniu, które bardzo dobrze jej poszło, tata zadzwonił do niej w zupełnie innej sprawie, chodziło o spotkanie rodzinne. Pod koniec rozmowy luźno rzucił: „Wydaje mi się, że ta druga kobieta zupełnie zdominowała wywiad. Trzeba było walczyć o swój czas na antenie". I tyle. Nic więcej, żadnego komentarza. Monika czuła się, jakby podcięto jej skrzydła. Jak najszybciej skończyła rozmowę, po czym nalała sobie kieliszek wina i rozpłakała się nad nim. Wykończona, wtuliła się w kanapę, czując smutek, rozczarowanie oraz niechęć do wszystkiego.

Na szczęście przypomniała sobie o karcie SOS. Wyjęła ją z portfela i zaczęła realizować punkt po punkcie. Napisała SMS-a do swojej zaufanej przyjaciółki i umówiły się na rozmowę. Już sama ta perspektywa ją uspokoiła. Przyjrzała się swoim emocjom i doszła do wniosku, że był to kolejny promień „klamry odkupienia", który zgasł. Jej wewnętrzne dziecko zostało odrzucone i zmiażdżone, tak jakby chciała się poddać. „No i po co to wszystko? I tak nic ci się już nie uda", huczały w głowie krytyczne głosy. Ponownie spojrzała na kartę. Punkt drugi podsuwał gotową odpowiedź na krytyczne głosy: „Mam was gdzieś. I tak odniosłam sukces, bo się staram".

Kolejny rzut oka na kartę SOS przypomniał Monice, że warto zrobić dla siebie coś miłego, by się pocieszyć i polepszyć sobie nastrój. Przygotowała więc kąpiel w pachnącym płynie i włączyła ulubioną muzykę. Później, kiedy wkładała piżamę, chcąc wcześniej położyć się spać, przemknęła jej przez głowę przełomowa myśl: podjęła decyzję, że jeśli następnego dnia podczas spotkania rodzinnego ktoś krytycznie wypowie się na temat wywiadu, ona będzie już miała przygotowaną ripostę: „Posłuchaj, jestem tylko człowiekiem, jak każdy z nas, i miałam tremę przed audycją w radiu, denerwowałam się. Kiedy mnie krytykujesz, jest mi przykro, tak samo jak i tobie byłoby przykro w takiej sytuacji". Monika nie wiedziała, czy rzeczywiście będzie miała okazję to komuś powiedzieć, ale mając przygotowany scenariusz, odzyskała spokój. Poczuła się bardziej dorosła i silna.

Sądzę, że czytelnicy chcieliby dowiedzieć się, co było dalej. Następnego dnia na rodzinnym obiedzie nikt już nie wspominał o nagraniu. Częściowo ulżyło to Monice, a częściowo czuła się rozczarowana. Jednak nie miało to już większego znaczenia po tym, jak poprzedniego wieczoru skorzystała ze swojej karty SOS. Zdała sobie sprawę, że krytycyzm ojca pewnie wynikał z jego własnych lęków i niepewności, a ona właściwie mogłaby mu współczuć.

Wielu innych moich pacjentów również skorzystało z kart SOS. Wydrukowali je sobie i mieli pod ręką, w sobie znanych miejscach. Samantha wydrukowała trzy karty w różnych rozmiarach i zalaminowała. Dużą powiesiła na lodówce, średnią na lustrze w sypialni, a małą trzymała w portfelu. Ella zapisała swoją kartę w komputerze i smartfonie. Susie wysłała kopię swojej listy dwóm najbliższym przyjaciółkom, z którymi się umówiła na SMS w momentach awaryjnych, bo dobrze wiedziała, że w podobnych chwilach włącza się niszczący ją mechanizm i każe schować się i odizolować od świata (tak jak zwykła to robić w dzieciństwie, kiedy zmagała się z jakimś problemem i szła do swojego pokoju).

WNIOSKI Z HISTORII ZE ZŁAMANĄ RĘKĄ: MNIEJ TO LEPIEJ

Na początku warsztatów przywołuję przykład z własnego życia, mojej historii ze złamaną ręką. Uczestnicy terapii często zadają mi pytanie, jaki był ciąg dalszy tego wydarzenia, czy jestem już uleczona i czy udało mi się złamać Przekleństwo, o którym mówię. Odpowiadam wówczas, że i tak, i nie. Jest tak jak w życiu każdego z nas: ciągle pracuję nad sobą, bo przecież walka z Przekleństwem to pewien proces.

Już nie czuję się jak w pułapce, zachowując się w ten, a nie inny sposób w stosunku do większości ludzi. Największym wyzwaniem pozostają dla mnie osoby z przeszłości. W ich obecności czasem automatycznie powracam do roli wiecznie zadowolonej, wspierającej innych i gotowej na wszystko bratniej duszy. Jednak w większości przypadków jestem dużo bardziej świadoma różnych, dostępnych mi opcji i tego, że mam wybór, jak się zachować. Zgodnie więc z tytułem tego rozdziału to ode mnie zależy, kiedy będę miła, pomocna, empatyczna, rozrywkowa, pełna życia i… tu można wpisać dowolną cechę przeważającą u Miłych. Mam też możliwość zachowywać się w inny sposób bez poczucia, że ktoś odbierze mnie jako złą osobę, przez co nie będę lubiana i zostanę odtrącona. Niektórzy, oczywiście *przestaną mnie lubić* i odrzucą, ale teraz jest to dla mnie znośna myśl. W dodatku cena za to, że się o siebie troszczę i dbam o zaspokajanie własnych potrzeb, nie jest wcale taka wielka.

Zmagałam się z innymi problemami zdrowotnymi od czasu złamania ręki, ale i to miało pozytywne strony. Ta sytuacja zmusiła mnie do wsłuchania się we własne ciało i zaspokajanie jego potrzeb, oczywiście w granicach rozsądku. Kiedy jestem zmęczona, pozwalam sobie na odwołanie zobowiązań i na odpoczynek. W efekcie teraz dużo więcej czasu spędzam w łóżku!

Jak pewnie można się zorientować, uwielbiam tworzyć powiedzenia – im krótsze, tym lepsze – które pomagają mnie (i moim pacjentom) pamiętać o tym, jak chcę przeżyć swoje życie i jakich dokonywać w nim wyborów. Podobnie jak większości osób wspomnianych w książce, tak i moim działaniom od czasu złamanej ręki przyświeca sentencja: „Im mniej, tym lepiej". Odwołuję się do niej w wielu aspektach mojego życia, tam, gdzie pragnę je nieco oczyścić, i w sensie dosłownym, kiedy pozbywam się zbędnych przedmiotów, które już mi nie pasują bądź ich nie lubię, i w przenośni, kiedy ograniczam spotkania towarzyskie (tutaj możemy sobie podać rękę z Liz, patrz s. 75). Staram się w ten sposób wygospodarować czas dla osób, z którymi mam silny związek emocjonalny i czuję się na tyle bezpieczna, żeby móc pokazać swoją wrażliwość; z którymi mogę być sobą i liczyć na ich pomoc.

Takie podejście stanowi dokładne przeciwieństwo syndromu posiadania „500 przyjaciół na Facebooku". Moi pacjenci często czują wstyd, że mają tam jedynie grupkę bliskich i zaufanych osób. Posiadanie masy wirtualnych przyjaciół stało się współczesną „powinnością" i, tak jak w przypadku każdej powinności, jeśli ktoś jej nie wypełni, może poczuć się nieudacznikiem.

CZEGO ŻAŁUJĄ UMIERAJĄCY

W zeszłym miesiącu na przyjęciu z okazji pięćdziesiątych urodzin jednego z moich znajomych rozmawiałam z pewnym mężczyzną o Przekleństwie Bycia Miłym. „Koniecznie powinna pani przeczytać tę książkę, którą napisała pewna pielęgniarka paliatywna", oświadczył. „To książka o rzeczach, których umierający ludzie najbardziej żałują w swoim życiu. Wiele z nich wyraźniej wiąże się z tym, o czym pani pisze. Z tego, co pamiętam, chodziło o to, że ci ludzie żałują, iż nie żyli w zgodzie ze sobą czy coś podobnego".

Posłusznie kupiłam książkę *The Top Five Regrets of the Dying* (Czego żałują umierający) autorstwa Bronnie Ware. Z jej doświadczenia wynikało, że na liście żalów pierwsze miejsce zajmowało takie zdanie: „Żałuję, że nie miałem odwagi przeżyć życia po swojemu, a żyłem tak, by spełniać oczekiwania innych". Żal numer trzy brzmiał następująco: „Żałuję, że nie miałem odwagi wyrażać swoich uczuć i tłumiłem je przed światem, aby przypodobać się innym". (Jeśli czytelnicy byliby ciekawi, to na drugiej pozycji znalazła się taka opinia: „Żałuję, że nie spędzałem więcej czasu z rodziną, za dużo siedziałem w pracy").

To naprawdę cenne spostrzeżenia, zwłaszcza jeśli ma się na uwadze perspektywę, z jakiej wypowiadali się ci ludzie. Warto wykorzystać tę wiedzę i już od dzisiaj zacząć lepiej i mądrzej żyć. Jeśli jednym z naszych życiowych celów jest nie żałować niczego, warto wiedzieć, czego najczęściej i najbardziej żałuje się w życiu.

Jak widać, nie chodzi wcale o żal z powodu tego, że opuściliśmy pożegnalnego drinka sekretarki, która pracowała w naszej firmie na zastępstwo, ani nawet tego, że nie popłynęliśmy w rejs dookoła świata, czy nie skoczyliśmy na bungee z Wielkiego Kanionu. Chodzi o to, by mieć odwagę bycia tym, kim naprawdę jesteśmy, i nie ukrywać przed otoczeniem, co tak naprawdę myślimy (oczywiście w pewnych granicach), a szczególnie dotyczy to naszych bliskich.

NARYSUJ SWÓJ NOWY OBRAZ SIEBIE

Przypomnijmy sobie ćwiczenie z rozdziału trzeciego. Na promieniach odchodzących od głowy Miłego należało wpisać cechy, które chcielibyśmy pokazać otaczającym nas ludziom. Następnie, wewnątrz trójkątnej szaty, te, które chcielibyśmy przed nimi ukryć. A teraz zajmiemy się procesem przełamywania Przekleństwa Bycia Miłym i przedstawienia tego na nowym obrazku. Rysunek ma ilustrować to, kim chcielibyśmy być. Oczywiście, nie można do tego dojść z dnia na dzień. Tak jak wiele procesów, które wieńczy nagroda i zadowolenie, tak i ten jest powolny, najeżony przeszkodami, niespodziewanymi zwrotami akcji, wypada w przód i w tył. Jednak stopniowo nie będziemy się już czuć przeklęci, a nasze umiejętności i cechy Miłych, które okażemy samym sobie, a nie tylko innym, zaczniemy postrzegać jako błogosławieństwo.

Na następnej stronie można zobaczyć, jak teraz wygląda mój obraz samej siebie. Przy zewnętrznych liniach zapisałam: bezpośrednia, szczera, zabawna, energiczna, poważna, empatyczna, wyznaczająca jasne granice (wszystkie te cechy wynikają z mojego wyboru, że chcę się tak w danej sytuacji zachować; nie ma już we mnie przymusu, aby zachować się tak, a nie inaczej). Wewnątrz zapisałam wrażliwość i lęki, które świadomie ujawniam jedynie zaufanymi osobom.

W idealnym świecie może niczego nie musielibyśmy się wstydzić, czy niczego ukrywać, w pełni moglibyśmy być ludzcy i autentyczni. Jednak idealnego świata nie ma, a ten nowy obraz mnie samej jest realistyczny i pokazuje postawę, do której dążę: połączenie mojego „prawdziwego ja" z odrobiną „fałszywego ja" Winnicotta (patrz s. 277) dla większego poczucia bezpieczeństwa. Kiedy zachowuję się inaczej niż dawniej i niż zwykle (na przykład odmówię czegoś trudnej osobie), to staram się potem pochwalić, a nawet nagrodzić samą siebie. Jestem pewna i wierzę, że i czytelnikom uda się inaczej zachowywać.

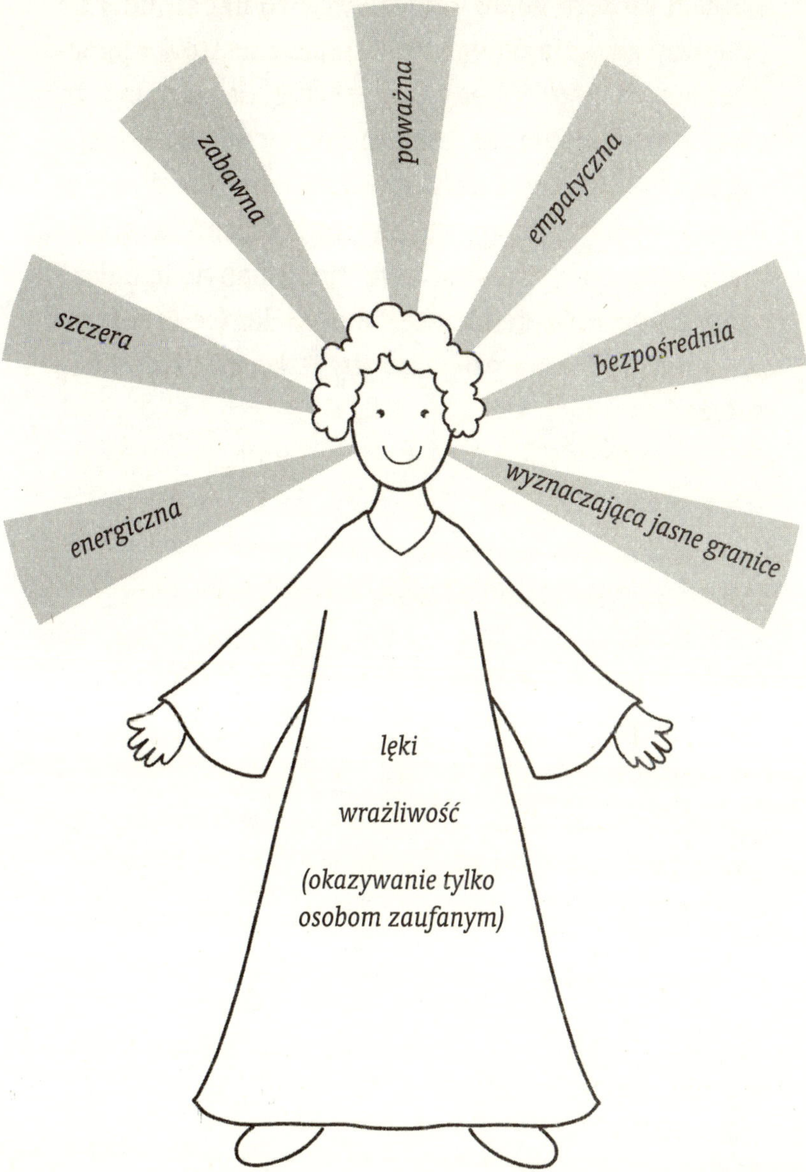
poważna
zabawna
empatyczna
szczera
bezpośrednia
energiczna
wyznaczająca jasne granice
lęki
wrażliwość
(okazywanie tylko
osobom zaufanym)

Mam szczerą wiarę w niezwykłą zdolność ludzi do przeprowadzania odważnych eksperymentów i łamania starych reguł. Kiedy już zacznie się to robić, to z każdym kolejnym sukcesem staniemy się odważniejsi i gotowi na więcej. Odkryjemy, że jeden krok do przodu, nawet najmniejszy, sprawi, iż będziemy w stanie wiele osiągnąć, rozwinąć swą moc i nabywać dalsze umiejętności. Czytelnicy też mogą złamać Przekleństwo Bycia Miłym i osiągnąć wszystko, co tylko sobie założą.

BIBLIOGRAFIA

ROZDZIAŁ PIERWSZY

Lerner H., *Karuzela bliskich więzi.*

Beck A.T., *Terapia poznawcza jako teoria integrująca psychoterapię.*

ROZDZIAŁ DRUGI

Green Christopher, *Poskramianie małego dziecka. Jak Radzić Sobie Z Dzieckiem Od 1 Do 4 Roku Życia.*

Bowlby J., *Przywiązanie.*

Winnicott D.W., *Zabawa a rzeczywistość.*

Rogers C., *O stawaniu się osobą.*

ROZDZIAŁ TRZECI

Dickson A., *Masz prawo być kobietą.*

Faludi S., *Backlash: The Undeclared War Against American Women*, Crown, 1991.

Hendrix H., *Zdobędziesz miłość, jakiej pragniesz.*

ROZDZIAŁ CZWARTY

„The Guardian", 7 stycznia 2012.

ROZDZIAŁ PIĄTY

Desert Island Discs, BBC Radio Four, 2 marca 2012.
Beck A.T., *op. cit.* (zob. rozdział 1).
Harris R., *Pułapka szczęścia*, Robinson, 2008.
Dickson A., *op. cit.* (zob. rozdział 3).

ROZDZIAŁ SZÓSTY

„The Guardian", 3 lutego 2012.
Richardson C., *Zadbaj o siebie metodą Extreme Self Care.*
Cameron J., *Droga artysty. Jak wyzwolić w sobie twórcę.*

ROZDZIAŁ SIÓDMY

Kelly G.A., *A Theory of Personality: Psychology of Personal Constructs*, Norton, 1955.
Mehrabian A., *Silent Messages: Implicit Communication of Emotions and Attitudes*, Wadsworth, 1971.
Dickson A., *Difficult Conversations*, Piatkus, 2004.
Jeffers S., *Nie bój się bać.*

ROZDZIAŁ DZIEWIĄTY

Lerner H., *op. cit.* (zob. rozdział 1).

ROZDZIAŁ DZIESIĄTY

Sampson V., *Tantra: The Art of Mindblowing Sex*, Vermillion, 2002.

ROZDZIAŁ JEDENASTY

Winnicott D.W., *op. cit.* (zob. rozdział 2).
Lerner H., *op. cit.* (zob. rozdział 1).
Ware B., *The Top Five Regrets of the Dying*, Hay Hous, 2012.

Lektury dodatkowe

RODZICIELSTWO

Faber A., Mazlish E., *Jak mówić, żeby dzieci nas słuchały. Jak słuchać, żeby dzieci do nas mówiły.*

Faber A., Mazlish, E., *Rodzeństwo bez rywalizacji.*

Stadlen N., *What Mothers Do: Especially When it Looks Like Nothing* Piatkus, 2005.

Green Christopher, *op. cit.* (zob. rozdział 2)

ZWIĄZKI

Hendrix H., *Miłość, która uzdrawia, …; Miłosna odnowa. Wielka miłość w dojrzałym związku.*

Lerner H., *op. cit.* (zob. rozdział 1); *The Dance of Connection*, Piatkus, 2001.

Perel E., *Inteligencja erotyczna. Seks, kłamstwa i domowe pielesze.*

Sampson V., *op. cit.* (zob. rozdział 10).

PORADNIKI I KSIĄŻKI DAJĄCE DO MYŚLENIA

Brown B., *Z wielką odwagą. Jak odwaga bycia wrażliwym zmienia to, jak żyjemy i kochamy, jakimi jesteśmy rodzicami i jak przewodzimy.*

Cameron J., *op. cit.* (zob. rozdział 6).

Chaplin J., *Deep Equality: Living in the Flow of Equalizing Rhythms*, O Books, 2008.

Harris R., *Pułapka szczęścia, op. cit.* (zob. rozdział 5).

Richardson C., *op. cit.* (zob. rozdział 6).

Ware, B., *op. cit.* (zob. rozdział 11).

ASERTYWNOŚĆ

Dickson A., *op. cit.* (zob. rozdział 3).

Dickson A., *op. cit.* (zob. rozdział 8).

O autorce

Jacqui Marson jest certyfikowanym psychologiem. Pracowała w wielu ośrodkach klinicznych w Londynie, między innymi w więzieniu Holloway, w szpitalu św. Tomasza, a obecnie prowadzi z powodzeniem praktykę prywatną w Covent Garden. Jeździ po świecie z wykładami, prowadzi warsztaty i szkolenia dla firm oraz klientów indywidualnych z zakresu zdolności komunikacyjnych, budowania własnej wartości oraz pracy zespołowej. Jest też dziennikarką. Bardzo często zapraszana przez wszelkie media jako ekspert z dziedziny psychologii, regularnie występuje w BBC i w Channel Five News. Publikuje w takich branżowych czasopismach, jak „The Psychologist", „The Counselling Psychology Review" oraz „Psychologies Magazine". Jest członkinią British Psychological Society (Brytyjskie Towarzystwo Psychologiczne) i the Health Professions Council (Rada ds. Zawodów Ochrony Zdrowia).

Mieszka w Londynie z mężem i dwoma synami. Więcej informacji o autorce można znaleźć na jej stronie internetowej: www.jacquimarson.co.uk.

Recenzje

„Odkrywcza i poglądowa, odważna i pełna humoru – cóż za wspaniała propozycja z półki poradników! Ta bezpretensjonalna lektura, dostarcza pomocnych i obrazowych studiów przypadku Bycia Miłym prowadzących do osiągnięcia samoświadomości przez czytelnika oraz stopniowej i skutecznej zmiany postępowania. Osobiście uważam tę książkę za swoistą sesję terapeutyczną, która pomoże człowiekowi zmierzyć się z Przekleństwem Bycia Miłym. Jestem przekonana, że stanie się ona niezbędnym źródłem wiedzy dla wszystkich osób mających problem z mówieniem nie".

Dr F. Jay McClellan, psycholog

„Jacqui Marson zabiera czytelnika w podróż do poznania siebie i swoich potrzeb. Wyjaśniając przyczyny i mechanizmy zjawiska Bycia Miłym, autorka nie ocenia, lecz daje wskazówki, jak zrozumieć i zmienić męczące nas wzorce zachowań. Liczne przykłady i historie z życia wzięte pozwalają w pełni zobrazować problem i sprawiają, że staje się on bardziej zrozumiały i czytelny.

Pełne humoru podejście Jacqui i dystans do samej siebie pozwalają czytelnikowi lepiej zrozumieć własne potrzeby i nauczyć się tłumienia w sobie krytyka. Jako dobra terapeutka zachęca ona czytelnika do zmian, przystępnie i przekonująco pokazuje, jak wyzwolić się z Przekleństwa Nieustannego Bycia Miłym.

Książkę czytałam z przyjemnością, zgadzam się z wieloma poczynionymi przez Jacqui spostrzeżeniami i wiem, że pomogą one wielu ludziom właściwie podejść do omawianego problemu. Jeśli myślisz, że i ciebie dotknęło tytułowe przekleństwo, spraw tę książkę sobie lub też kup ją komuś innemu, komu może ona pomóc. To będzie najlepszy prezent dla takiej osoby".

Pia Sinha, psycholog, Deputy Governor,
HM Prison Service

„To praktyczny i pouczający poradnik, prowadzący do pozytywnej zmiany w przypadku osób, które chcą o siebie zawalczyć. Przeczytaj go, a przestaniesz się uginać pod ciężarem oczekiwań innych ludzi! Odkryj swoje prawdziwe «ja» z pomocą takiego znawcy tematu i doświadczonego psychologa, jakim bez wątpienia jest Jacqui Marson. Pokazuje ona, jak w praktyce uporać się z uciążliwymi cechami, które przeszkadzają w szczęśliwym i spełnionym życiu".

Val Sampson, trenerka i specjalistka terapii par,
autorka książki *Tantra: The Art of Mind-blowing Sex*,
i współautorka: *The Breast Cancer Book.*

„Przesympatyczni, przeczytajcie tę książkę i pozbądźcie się fałszu! Oto pierwszy innowacyjny i praktyczny poradnik dotyczący wyzwolenia się rzeszy przesympatycznych i życia w zgodzie z samym sobą. To klucz do zerwania z dawną postawą i wielki krok naprzód do osiągnięcia autentyczności".

Oliver James, psycholog, autor i wydawca

Podziękowania

Słowa podziękowania niech przyjmą ode mnie następujące osoby:

Moja utalentowana mama, która nauczyła mnie, co to kreatywność i ciężka praca; mój tata, który kocha się bawić, za pierwsze lekcje na temat Przekleństwa Bycia Miłą.

Pani profesor Rachel Tribe z University of East London i moje wspaniałe promotorki, dr Lynne Jordan i dr Grace McClurg, które uwierzyły we mnie jako psychologa i człowieka.

Vagelis Dimitrious i cała ekipa Neal's Yard Therapy Rooms, Covent Garden, za panowanie nad moim kalendarzem i wspieranie mnie w praktyce lekarskiej. Anna Sternberg, Lotta Kitchen i Alex Segal z mojej grupy oraz Val Sampson, Melanie Chweyden, Laura Bond i Pia Sinha, które udzielały mi wsparcia, dopingowały do pracy, inspirowały mnie i dzieliły się ze mną swoimi opiniami. Claudia Stumpfl, Rachel Harrison, Jules Williamson, Jacs Palmer, Orianna Fielding, Leanne Darcy, Nathalie Salaun, Kate Eadie, Hilary Lewis, Lisa O'Kelly,

Evelyn Gavshon, Julie Kleeman, Sue Charkin, Laura Solomans, Sonia Scott, Caroline Lees i Helen Fletcher za ich przyjaźń oraz wsparcie. Helen Purvis i wszyscy pracownicy Knight Ayton Management za to, że są świetnymi agentami, oraz Mary Bekhait z Limelight za negocjowanie kontraktu. Jania Sommerlad za pomoc w uwierzenie w dobrą karmę, a także moi wydawcy z Piatkusa: Anne Lawrance i Jillian Stewart za nadanie ostatecznego szlifu rozdziałowi „Miły z wyboru" za ich spokój, przemyślane i bezpośrednie rady, oraz Anne Newman za jej cierpliwość i wytrwałość. Wszystkim świetnym dziewczynom z Delice cafe w Swiss Cottage Library, które przez długie, zimowe miesiące karmiły mnie pieczonymi ziemniaczkami, domowymi ciastami, a przy tym wspierały swoim uśmiechem. I jeszcze Steve, Mags, Lewis, Alex, Rachel, Helen, Tony, Louis i Felix za to, jacy są wspaniali…

W końcu chciałabym podziękować moim cudownym synom za ich poczucie humoru i pomoc: Jessowi za wyciąganie mnie z technicznych tarapatów („nie martw się mamo, znalazłem ten plik"), a Tomowi za energię i hojność. Dzięki składam również mojemu mężowi Stewartowi za zajęcie się domem, redaktorskie oko i bezwarunkową miłość.

Spis treści

Książkę wydrukowano na papierze
Creamy HiBulk 2.4 60 g/m²
dostarczonym przez ZiNG Sp. z o.o.

ZiNG

www.zing.com.pl

MUZA SA
ul. Sienna 73
00-833 Warszawa
tel. +4822 6211775
e-mail: info@muza.com.pl

Dział zamówień: +4822 6286360
Księgarnia internetowa: www.muza.com.pl

Skład i łamanie: Magraf s.c., Bydgoszcz
Druk i oprawa: OPOLGRAF SA, Opole